I0347339

www.ingramcontent.com/pod-product-compliance
Lightning Source LLC
Chambersburg PA
CBHW052029070526
44584CB00016B/1970
* 9 7 8 1 9 1 7 3 6 0 0 7 4 *

آشنایی با کتاب‌مقدس

جدول‌ها، نمودارها و تصاویر

دیوید پاوسن

ISBN 978-1-917360-07-4
90000
9 781917 360074

ANCHOR

Copyright © 2024 David Pawson Ministry CIO

The right of David Pawson to be identified as author of this Work has been asserted by him in accordance with the Copyright, Designs and Patents Act 1988.

First published in Great Britain in 2017, this edition published in 2024 by Anchor which is a trading name of David Pawson Publishing Ltd
Synegis House, 21 Crockhamwell Road,
Woodley, Reading RG5 3LE

No part of this publication may be reproduced or transmitted in any form or by any means, electronic or mechanical, including photocopy, recording or any information storage and retrieval system, without prior permission in writing from the publisher.

Unless otherwise indicated, scripture quotations taken from the HOLY BIBLE, The Persian New Millennium Version © 2014, is a production of Elam Ministries.

Used by permission. All rights reserved

For David Pawson's teaching,
including DVDs and CDs, go to
www.davidpawson.com

FOR FREE DOWNLOADS
www.davidpawson.org

For further information, email
info@davidpawsonministry.org

Translated into Persian by: Nader Fard
Typesetting and Layout: Nader Fard

ISBN 978-1-917360-07-4

Printed by Ingram Spark

آشنایی با کتاب‌مقدس

جدول‌ها، نمودارها و تصاویر

دیوید پاوسن

ترجمه: نادر فرد

حروف‌چینی و صفحه‌آرایی: نادر فرد

انتشارات دیوید پاوسن، ۲۰۲۵
کلیهٔ حقوق برای ناشر محفوظ است

شابک جلد کاغذی: ۴-۰۷-۹۱۷۳۶۰-۱-۹۷۸

نحوهٔ استفاده از کتاب

سخنران و نویسندهٔ انجیلی معروف، دیوید پاوسن، در کتابش به نام «آشنایی با کتاب‌مقدس» با ارائهٔ نمای کلی از شرح منحصربه‌فرد رابطهٔ خدا با قومش در عهدعتیق و جدید، حسی واقعی از گسترهٔ تاریخ کتاب‌مقدس و پیامدهای آن بر زندگی ایمانداران می‌دهد و کلام خدا را به شیوه‌ای تازه و قدرتمند باز می‌کند. نویسنده با پرهیز از ذکر جزئیات و مطالعهٔ آیه به آیه، داستان واقعی حماسی خدا و قومش را بیان می‌کند. فرهنگ، پیشینهٔ تاریخی و قوم خدا معرفی می‌شوند و تعلیم کتاب‌مقدس در دنیای مدرن ارائه می‌شود.

این مجموعه از نقشه‌ها، جدول‌ها و نمودارها به‌عنوان مکمل برای استفاده در جلسات تعلیمی ضبط‌شده و مرتبط توسط دیوید پاوسن، در نظر گرفته شده است و تصاویری ارائه می‌دهد که نویسنده برای همراهی با سخنرانی‌های خود از آنها استفاده کرده است. جلسات در طول چندین دهه ارائه شده است، بنابراین، برخی از مطالب، که در آن به حقایقی که در زمان ارائهٔ تعلیم صحیح بودند اشاره می‌شود، ممکن است دیگر به‌روز نباشند. (مثلاً تصاویر ساختمان‌های بلند). علاوه بر این، از آنجایی که تصاویر در بیش از یک سخنرانی، یا در رابطه با بیش از یک مطالعهٔ کتاب‌مقدس استفاده شده‌اند، برخی از آنها عمداً در اینجا تکرار شده‌اند، بنابراین، تا آنجا که ممکن است، یک ثبت کامل و در دسترس از منابع مورد استفاده در هر مجموعه آموزشی ارائه می‌شود.

سخنرانی‌های دیوید پاوسن در مورد «آشنایی کتاب‌مقدس» را می‌توانید در اینجا بیابید:
www.davidpawson.org

یا در کانال یوتیوب:
www.youtube.com/user/DavidPawsonMinistry

چنانکه در بالا ذکر شد، می‌توانید از آنها به‌عنوان مکمل کتاب "آشنایی با کتاب‌مقدس" استفاده کنید که می‌توانید آن را از لینک‌های زیر خریداری کنید:

خرید کتاب الکترونیکی:
www.davidpawson.com/utbbuykindle

خرید کتاب:
www.davidpawson.com/utbbuybook

فهرست مطالب

عهدعتیق

بررسی اجمالی عهدعتیق	۲
پیدایش	۵
خروج	۱۸
لاویان	۲۶
اعداد	۳۱
تثنیه	۳۴
یوشع	۳۶
داوران و روت	۴۲
۱و۲سموئیل	۴۷
۱و۲پادشاهان	۵۳
۱و۲تواریخ	۵۷
عزرا و نحمیا	۵۹
استر	۶۴
ایوب	۶۵
شعر عبری	۶۶
مزامیر	۶۷
امثال	۶۹
جامعه	۷۰
اشعیا	۷۱
ارمیا	۷۹
مراثی	۸۰
حزقیال ۸۱	
دانیال	۸۵
هوشع	۹۲
عوبدیا و یوئیل	۹۳
عاموس	۹۸
یونس	۹۹

میکاه	۱۰۴
ناحوم	۱۰۶
حبقوق	۱۰۹
صفنیا	۱۱۰
حجی	۱۱۱
زکریا	۱۱۲
ملاکی	۱۱۳

عهدجدید

متی	۱۱۶
مرقس	۱۱۸
لوقا	۱۲۱
یوحنا	۱۲۳
اعمال	۱۲۶
رومیان	۱۲۸
۱و۲قرنتیان	۱۳۰
غلاطیان	۱۳۳
افسسیان	۱۳۵
فیلیپیان و فیلیمون	۱۳۹
کولسیان	۱۴۱
۱و۲تسالونیکیان	۱۴۴
تیموتائوس و تیتوس	۱۴۶
عبرانیان	۱۴۸
یعقوب	۱۵۱
۱و۲پطرس	۱۵۲
نامه‌های پولس	۱۵۳
نامه‌های یوحنا	۱۵۵
یهودا	۱۵۹
مکاشفه	۱۶۰

آشنایی با کتاب‌مقدس

عهد عتیق

© David Pawson 2024

بررسی اجمالی عهدعتیق

هلال بارور

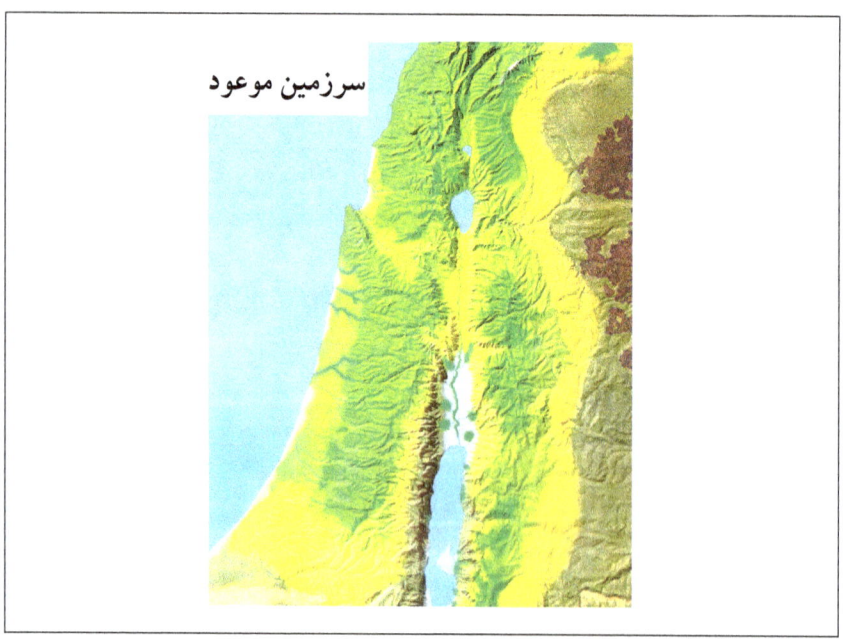

سرزمین موعود

بررسی اجمالی عهدعتیق

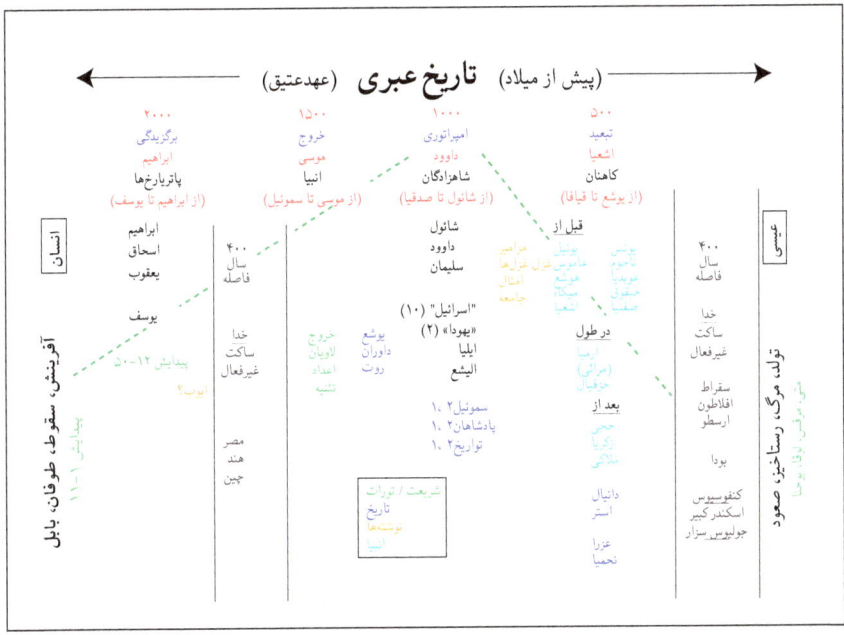

تاریخ عبری
(عهدعتیق)
اشعیا
کاهنان
خروج
انبیا
(از موسی تا سموئیل)
یونس
ناحوم
عوبدیا
حبقوق
صفنیا
یوئیل
عاموس
هوشع
میکاه
اشعیا
مزامیر
غزل غزل‌ها
امثال
جامعه
ارمیا
(مراثی)
حزقیال
حجی
زکریا
ملاکی
دانیال
استر
عزرا
نحمیا
سلیمان
سموئیل۲ ،۱
پادشاهان۲ ،۱
تواریخ۲ ،۱
یوشع
داوران
روت
خروج
لاویان
اعداد
تثنیه
شریعت / تورات
تاریخ
نوشته‌ها
انبیا
پیدایش ۱۲-۵۰
ایوب؟
پیدایش ۱-۱۱

انگلیسی
عهدعتیق
عبری
تاریخ (بخش)
پیدایش
خروج
لاویان
اعداد
تثنیه
یوشع
داوران
روت
۱و۲سموئیل
۱و۲پادشاهان
۱و۲تواریخ
عزرا
نحمیا
استر
شعر (حال)
ایوب
مزامیر
امثال
جامعه
غزل غزل‌های سلیمان
نبوت (آینده)
انبیای بزرگ (۴)
انبیای کوچک (۱۲)
اشعیا
ارمیا
مراثی
هوشع
عاموس
عوبدیا
یونس
میکاه
ناحوم
حبقوق
یوئیل
حزقیال
دانیال
صفنیا
حجی
زکریا
ملاکی
"لعنت"
شریعت (تورات، پنج کتاب)
در آغاز (پیدایش)
اینها اسامی‌هستند (خروج)
و او فراخواند (لاویان)
در بیابان (اعداد)
این کلمات هستند (تثنیه)
انبیای متقدم
* یوشع
* داوران
* سموئیل
* پادشاهان
بعدی
اشعیا
ارمیا
حزقیال
هوشع
یوئیل
عاموس
عوبدیا
یونس
میکاه
ناحوم
حبقوق
صفنیا
حجی
زکریا
ملاکی
نوشته‌ها
پرستش‌ها (مزامیر)
ایوب
امثال
* روت
غزل غزل‌ها
واعظ (جامعه)
* چگونه ممکن است! (مراثی)
* استر
* دانیال
* عزرا
* نحمیا
* ۱و۲ ایام (تواریخ)
"بالا برو" (aliya)
لوقا ۲۴: ۲۷، ۴۴

آشنایی با کتاب‌مقدس

بررسی اجمالی عهدعتیق

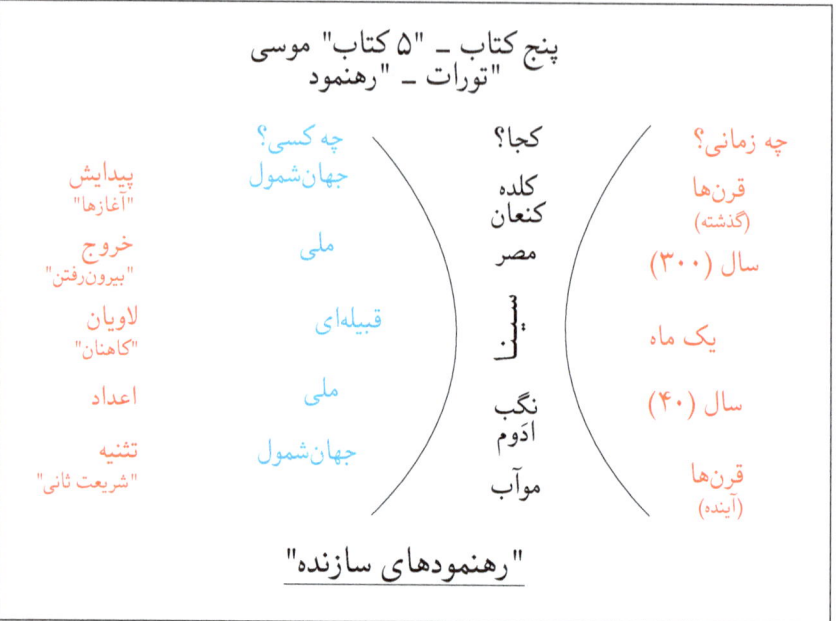

پیدایش بخش ۱

پیدایش باب اول ـ "خدا" ۳۵ بار

خدا هست

شخصیت‌مند (قلب، ذهن، اراده)
قدرتمند (۱۰ فرمان اطاعت شد)
نامخلوق (از قبل، همیشه وجود دارد)
خلاق (تخیل ← تنوع)
منظم (تقارن، ریاضیات)
مفرد (افعال)
جمع (اسم)
خوب (همهٔ کاری که او انجام می‌دهد چون هست)
دوست‌داشتن (می‌خواهد به خلقت خود برکت دهد)
زندگی‌کردن (فعال در این دنیا)
سخن‌گفتن (سخن می‌گوید تا ارتباط برقرار کند)
به صورت ما (در صورت او)
برخلاف ما (ما نمی‌توانیم خلق کنیم)

نه	همانند وابسته به	خلقتش

پیدایش بخش ۲

فلسفه‌های بشری

اگزیستانسیالیسم: تجربه، خداست
اومانیسم: انسان خداست
عقل‌گرایی: عقل خداست
ماتریالیسم: فقط ماده واقعی است
عرفان: فقط روح واقعی است
مونیسم: ماده و روح یکی هستند
پانتئیسم: همه چیز خداست
پان‌انتئیسم: خدا در همه چیز است

الحاد: بی‌خدا
اگناستیک: ندانم‌گرا
آنیمیسم: ارواح خدایان هستند
چندخدایی: خدایان بسیار
دوگانگی: دو خدای < خوب / بد
توحید: خدای واحد
دئیسم: خالق نمی‌تواند کنترل کند
خداباوری: خالق می‌تواند کنترل کند

فلسفهٔ کتاب‌مقدس

تثلیث‌باوری: ۳ در ۱، خالق مخلوقات و خلقت را کنترل می‌کند

خدا گفت:

$$\frac{1}{r^2}\frac{\partial}{\partial r}(r^2 D_r) + \frac{1}{r\sin\theta}\frac{\partial}{\partial\theta}(D_\theta \sin\theta) + \frac{1}{r\sin\theta}\frac{\partial D_\phi}{\partial\phi} = 4\pi\rho,$$

$$\frac{1}{r^2}\frac{\partial}{\partial r}(r^2 B_r) + \frac{1}{r\sin\theta}\frac{\partial}{\partial\theta}(B_\theta \sin\theta) + \frac{1}{r\sin\theta}\frac{\partial B_\phi}{\partial\phi} = 0;$$

$$\frac{1}{r\sin\theta}\left[\frac{\partial}{\partial\theta}(E_\phi\sin\theta) - \frac{\partial E_\theta}{\partial\phi}\right] = -\frac{1}{c}\frac{\partial B_r}{\partial t},$$

$$\frac{1}{r}\left[\frac{1}{\sin\theta}\frac{\partial E_r}{\partial\phi} - \frac{\partial}{\partial r}(rE_\phi)\right] = -\frac{1}{c}\frac{\partial B_\theta}{\partial t},$$

$$\frac{1}{r}\left[\frac{\partial}{\partial r}(rE_\theta) - \frac{\partial E_r}{\partial\theta}\right] = -\frac{1}{c}\frac{\partial B_\phi}{\partial t};$$

$$\frac{1}{r\sin\theta}\left[\frac{\partial}{\partial\theta}(H_\phi\sin\theta) - \frac{\partial H_\theta}{\partial\phi}\right] = 4\pi j_r + \frac{1}{c}\frac{\partial D_r}{\partial t},$$

$$\frac{1}{r}\left[\frac{1}{\sin\theta}\frac{\partial H_r}{\partial\phi} - \frac{\partial}{\partial r}(rH_\phi)\right] = 4\pi j_\theta + \frac{1}{c}\frac{\partial D_\theta}{\partial t},$$

$$\frac{1}{r}\left[\frac{\partial}{\partial r}(rH_\theta) - \frac{\partial H_r}{\partial\theta}\right] = 4\pi j_\phi + \frac{1}{c}\frac{\partial D_\phi}{\partial t};$$

«روشنایی باشد»

آشنایی با کتاب‌مقدس

پیدایش بخش ۲

سبک: علمی نیست (چگونه؟)
بلکه ساده‌انگارانه است (چه؟)
۱. موضوع (خدا، کلمه، روح)
۲. افعال (خلق، ساخته‌شده)
۳. اشیاء (روزهای ۱-۷)

ساختار:

خالی از سکنه	غیرقابل‌سکونت
خدا پر می‌کند	خدا شکل می‌دهد
محتوا	کنتراست
۴. خورشید و ماه	۱. نور از تاریکی
(+ستاره)	۲. آسمان از اقیانوس
۵. پرندگان و ماهی‌ها	۳. زمین از دریا
۶. حیوانات و انسان‌ها	(+گیاهان)
۷. روز تعطیل!	

منطقی: (خلاصهٔ ساده‌شده)
۱. آجرچین
۲. نجار
۳. لوله‌کش
۴. برق‌کار
۵. گچ‌کار
۶. دکوراتور
۷. تعطیلات

ترتیب زمانی: (تحلیل مسیر بحرانی)
۱. آجرچین
۲. نجار
۳. لوله‌کش
۴. برق‌کار
۵. گچ‌کار
۶. دکوراتور
۷. تعطیلات

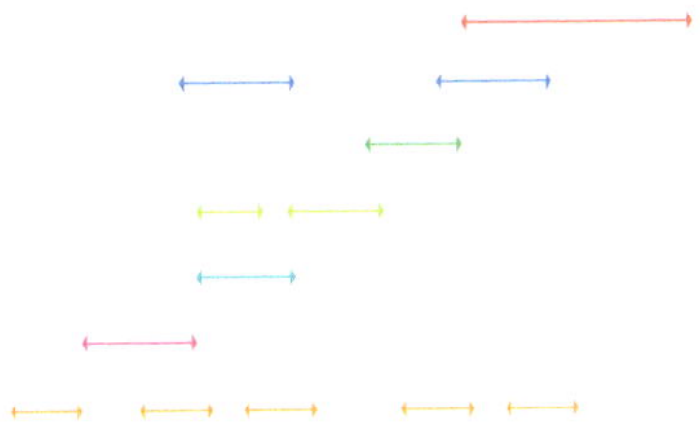

© David Pawson 2024

پیدایش بخش ۳

علم و کتاب‌مقدس

۱. رد کردن

مؤمنان علم را انکار می‌کنند   ناباوران کتاب‌مقدس را انکار می‌کنند

۲. تفکیک‌کردن

علم ~ حقیقت فیزیکی (چه زمانی؟ چگونه؟)
کتاب‌مقدس ~ حقیقت معنوی (چه کسی؟ چرا؟)

خط وسط کجاست { اسطوره و تاریخ؟
{ ارزش‌ها و حقایق؟

۳. یکپارچگی

بررسی‌های انتقالی علوم
تفسیرهای سنتی از کتاب‌مقدس

خلقت: سرعت (۶ روز یا بیش از ۴ میلیون سال؟)
توالی (نور قبل از خورشید، پرندگان قبل از حیوانات؟)
انتخاب (طبیعی یا فراطبیعی؟)
انسان: مشتقات (معدنی یا حیوانی؟)
مدت زمان (دهه‌ها یا قرن‌ها؟)
مرگ (طبیعی یا قضایی؟)
سیل: وسعت (محلی یا جهانی؟)

"روز" (عبری - یوم)

۱. تحت‌اللفظی (روز زمین)

الف شکاف

ب سیل

ج باستانی

۲. زمین‌شناسی (روز سنی)

۳. اسطوره‌ای (روز افسانه‌ای)

۴. آموزشی (روز مدرسه‌ای)

الف کلامی

ب بصری

۵. الهیاتی (روز خدا)

"همهٔ کار در یک هفته"
به طول روز هفتم توجه کنید

پیدایش بخش ۳

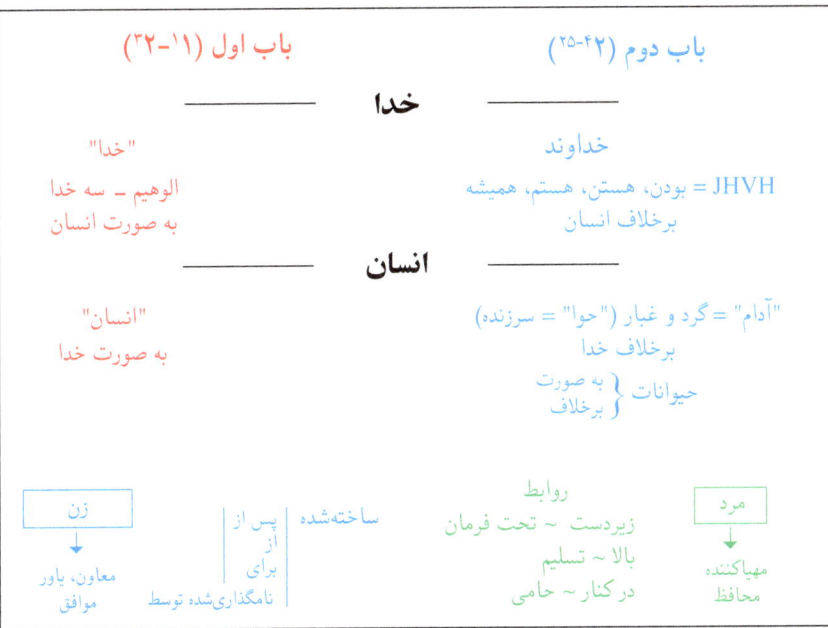

باب دوم ($۲^{۴-۲۵}$)		باب اول ($۱^{۱}$-$۲^{۳}$)
	خدا	
خداوند JHVH = بودن، هستن، هستم، همیشه برخلاف انسان		"خدا" الوهیم ـ سه خدا به صورت انسان
	انسان	
"آدام" = گرد و غبار ("حوا" = سرزنده) برخلاف خدا حیوانات { به صورت / برخلاف		"انسان" به صورت خدا

مرد	روابط		زن
↓ مهیاکننده محافظ	زیردست ~ تحت فرمان بالا ~ تسلیم در کنار ~ حامی	ساخته‌شده: پس از / از / برای نامگذاری‌شده توسط	↓ معاون، یاور موافق

خاستگاه انسان

الف. کتاب‌مقدسی — "بیایید ... به صورت ما"
آفریده شده... از خاک (زن از مرد)"

ب. تاریخی — وحدت نژاد بشر
باستان‌شناسی کشاورزی

ج. پیش از تاریخ — انسان خردمند
نئاندرتال، پکن، جاوا و غیره

علم ~ تحقیقات غلط؟
کتاب‌مقدس ~ اطلاعات نادرست؟

الف. ماقبل تاریخ، کتاب‌مقدسی بود
نسل ۱: شکارچی پارینه‌سنگی (یعنی صورت خدا)
نسل ۲: کشاورز نوسنگی (آدم نه انسان اول)

ب. ماقبل تاریخ کتاب‌مقدس شد
آیا یکی، برخی، یا همه تغییر کردند؟
«پسران خدا و دختران انسان» (پیدایش ۶)

ج. ماقبل تاریخ کتاب‌مقدسی نیست
تشبیه فیزیکی، نه روحانی
گونه‌ها در این زمان منقرض شدند

پیدایش بخش ۳

تکامل هواپیماهای مافوق صوت

تئوری تکامل /فرگشت

(اصطلاحات)

"گوناگونی" ~ تغییرات کوچک و تدریجی در شکل
"انتخاب" ~ بقا بر اساس تناسب با محیط
"طبیعی" ~ فرآیند خودگردان (در مقابل فراطبیعی)
"جهش" ~ تغییرات بزرگ و ناگهانی در شکل (یعنی ژن‌های داخلی)

ریز- تکامل
توسعهٔ محدود در گروه‌های مختلف

تکامل کلان
توسعهٔ کامل از منشاء واحد

"مبارزه" ~ بقای بهترین‌ها
(کلیدواژه)

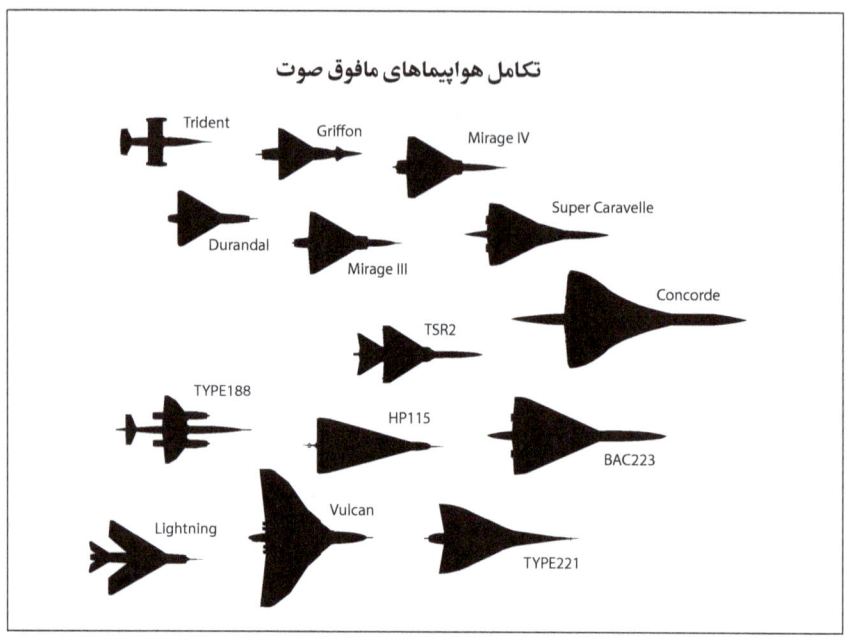

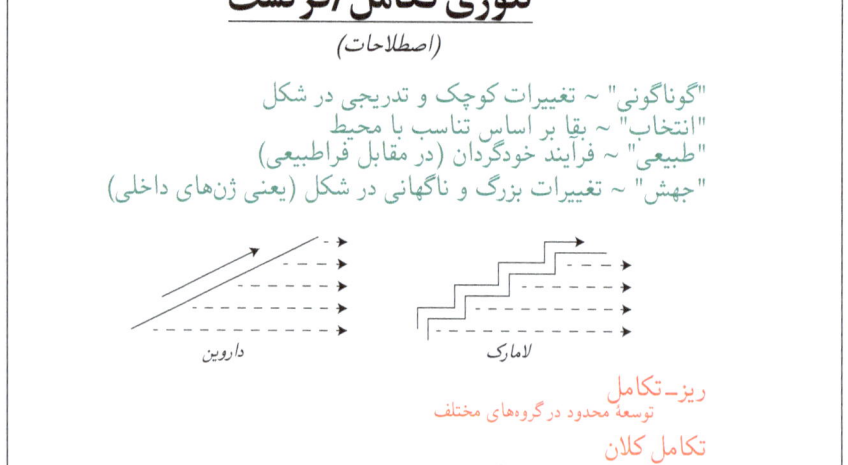

پیدایش بخش ۳

۱. گزینش ذهنی

تکامل	خلقت
مادر طبیعت	خدای پدر
شانس غیرشخصی	انتخاب شخصی
الگوی تصادفی	هدف طراحی‌شده
فرآیند طبیعی	تولید فراطبیعی
سیستم بسته	وضعیت باز
تصادف	مشیت
ایمان مبتنی بر خیال	ایمان مبتنی بر واقعیت
انسان آزاد است تا خدا را در صورت و تخیل خود بسازد	خدا آزاد است که انسان را به صورت خود بسازد

۲. انتخاب اخلاقی

تکامل	آفرینش
انسان ارباب/خداوند است	خدا ارباب، و خداوند است
استقلال انسان	حجت الهی
موقعیت‌های نسبی	معیارهای مطلق
مطالبهٔ حقوق	وظیفه ــ مسئولیت
استقلال "بزرگسالان"	وابستگی همچون "طفل"
انسان در حال برخاستن	سقوط انسان
بقای گونه‌های قوی	نجات ضعیفان
قدرت، درست است	حق و راستی، قدرتمند است
جنگ	صلح
زیاده‌خواهی	اطاعت
جبرگرایی، درماندگی و شانس	ایمان، امید و محبت
جهنم	بهشت/آسمان

أشنایی با کتاب‌مقدس

پیدایش بخش ۴

رسوبات سیل در بین‌النهرین

حیوانات وارد کشتی می‌شوند

کشتی بخار کانبرا

پیدایش بخش ۴

بابل

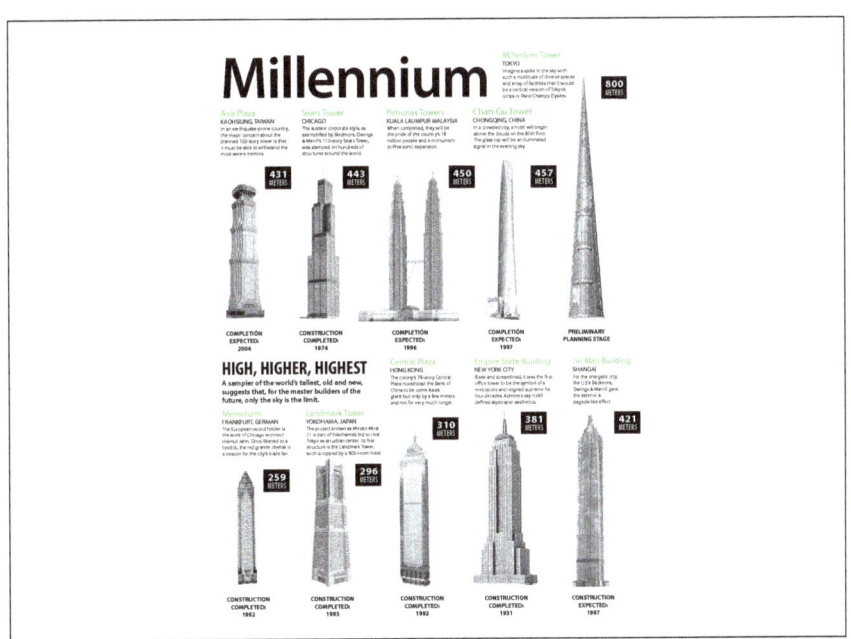

پیدایش بخش ۵

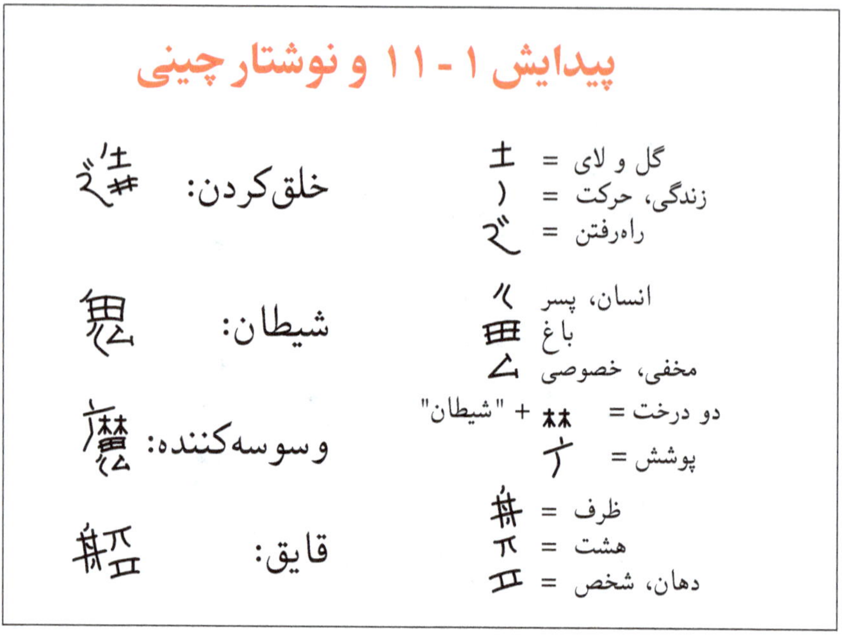

پیدایش ۱-۱۱ و نوشتار چینی

گل و لای = 土	
زندگی، حرکت = ノ	
راه رفتن = ㇏	خلق کردن:
انسان، پسر = ㇒	
باغ = 囲	شیطان:
مخفی، خصوصی = ㇛	
دو درخت = 林 + "شیطان"	وسوسه کننده:
پوشش = 宀	
ظرف = 井	قایق:
هشت = 八	
دهان، شخص = 口	

پیدایش بخش ۵

طرح کلی پیدایش

۱۲-۵۰
بخش طولانی (۴/۳)
دورۀ کوتاه (سال)
افراد کمی (خانواده)

۱۲-۳۶ خدای ابراهیم در برابر لوط
اسحاق در برابر اسماعیل
یعقوب در برابر عیسو

۳۷-۵۹ یوسف محبوب خدا
سقوط تا زندان
برافراشتن تا صدراعظمی

۱-۱۱
بخش کوتاه (۴/۱)
دورۀ طولانی (قرن‌ها)
بسیاری از مردم (ملت‌ها)

۱-۲ خالق خوب
اعمال الهی
روابط انسانی

۳-۱۱ موجودات بد
سقوط
دشمنی

زیگورات در اور کلده

۱۵

© David Pawson 2024

پیدایش بخش ۵

شومینه در اور کلده

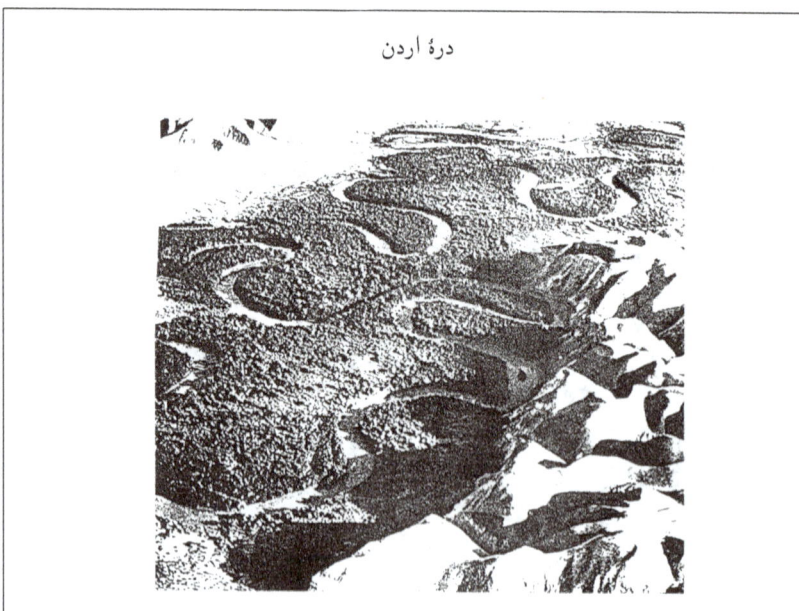

درۀ اردن

پیدایش بخش ۵

همسر لوط

پترا

خروج بخش ۱

باب‌های ۱-۱۸	باب‌های ۱۹-۴۰
اعمال الهی	کلام الهی
فیض	قدردانی
رهایی	قانونگذاری
از مصر	کوه سینا
بردگی	خدمت
رستگاری	عدالت و پارسایی
۱. کثیرشدن و قتل (اسرائیل)	۱۹-۲۴ احکام و عهد (کوه سینا)
۲-۴. بوتهٔ سوزان (موسی)	۲۵-۳۱ جزئیات و سازندگان (خیمهٔ ملاقات)
۵-۱۱. طاعون و وبا (فرعون)	۳۲-۳۴ شفاعت و عفو (گوساله طلایی)
۱۲-۱۳:۱۶ جشن و فرزند نخست (پسخ)	۳۵-۴۰ ساخت‌وساز و تقدیس (خیمهٔ ملاقات)
۱۳:۱۷-۱۵:۲۱ رهایی و غرق‌شدن دشمنان (دریای سرخ)	
۱۵:۲۲-۱۸:۲۷ تهیه و محافظت الهی (بیابان)	

رامسس دوم

آشنایی با کتاب‌مقدس

خروج بخش ۱

عید پسخ

خروج بخش ۲

دریای مدیترانه
دریاچه سیربونیس
غزه
حبرون
آراد
دریای مرده
قادش برنیع
خط مستحکم
جوشن
سکوت
دریاچهٔ تلخ
دریای نی
عِصیون‌جِبر
رودخانه نیل
مارّه
ایلیم
کوه سینا
(جبل موسی)
دریای سرخ

خط مستحکم
مصر
وزش باد شدید شرقی
دریای "نی"
/سرخ
ارتش مصر
ابر
اسرائیل
سینا
دریای
سرخ

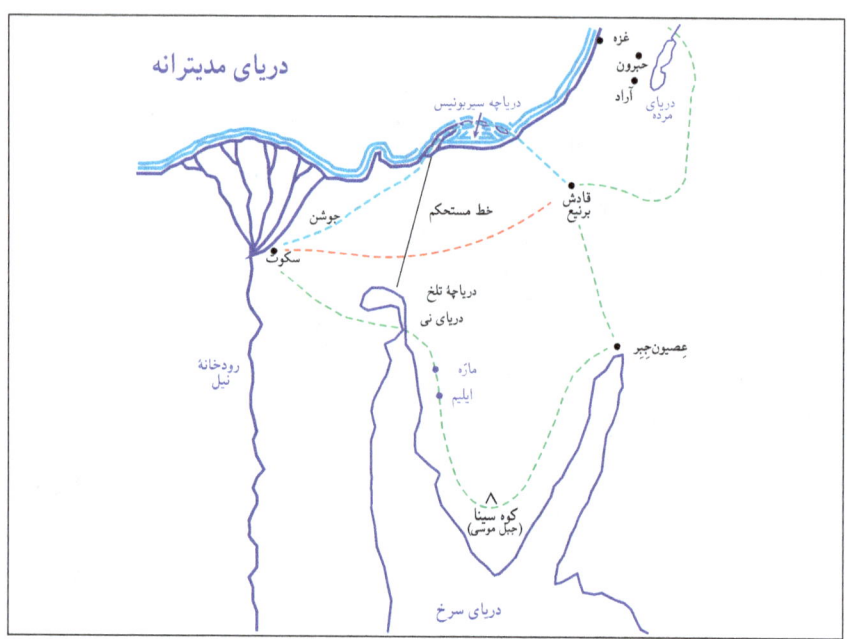

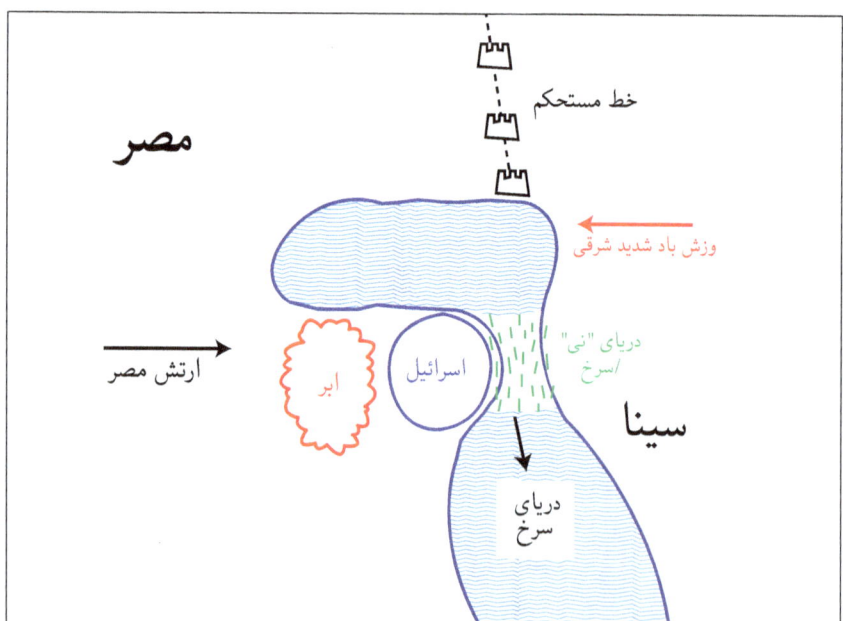

خروج بخش ۲

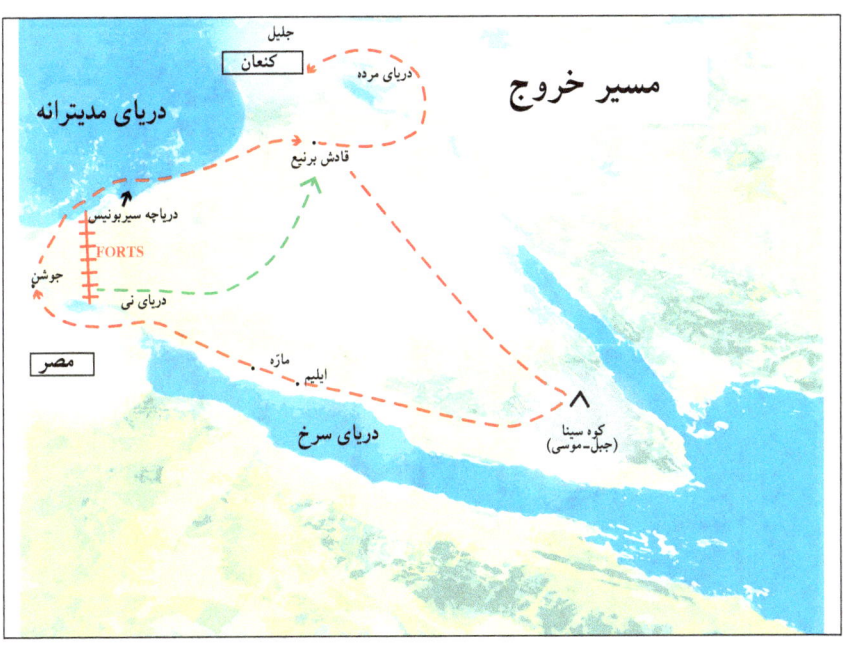

باب‌های ۱-۱۸

اعمال الهی
فیض
رهایی
از مصر
بردگی
رستگاری

۱. کثیرشدن و قتل
(اسرائیل)
۲-۴. بوتهٔ سوزان
(موسی)
۵-۱۱. طاعون و وبا
(فرعون)
۱۲-۱۳[۱۶] جشن و فرزند نخست
(پسخ)
۱۳[۱۷]-۱۵[۲۱] رهایی و غرق‌شدن دشمنان
(دریای سرخ)
۱۵[۲۲]-۱۸[۲۷] تهیه و محافظت الهی
(بیابان)

باب‌های ۱۹-۴۰

کلام الهی
قدردانی
قانونگذاری
کوه سینا
خدمت
عدالت و پارسایی

۱۹-۲۴ احکام و عهد
(کوه سینا)
۲۵-۳۱ جزئیات و سازندگان
(خیمهٔ ملاقات)
۳۲-۳۴ شفاعت و عفو
(گوساله طلایی)
۳۵-۴۰ ساخت‌وساز و تقدیس
(خیمهٔ ملاقات)

 www.davidpawson.org

آشنایی با کتاب‌مقدس

خروج بخش ۲

ماره

ایلیم

خروج بخش ۲

کوه سینا

اردوگاه اسرائیل

خروج بخش ۲

خیمهٔ ملاقات (حجاب)

خیمهٔ ملاقات

خروج بخش ۲

کاهن اعظم

خیمهٔ ملاقات (داخل)

گوسالهٔ طلایی

لاویان بخش ۱

'اسفار پنج‌گانه' - ۵ کتاب موسی - تورات - رهنمود

چه زمانی؟
قرن‌ها (گذشته)
سال (۳۰۰)
ماه (یک)
سال (۴۰)
قرن‌ها (آینده)

کجا؟
کلده
کنعان
مصر
سینا
نگب
ادوم
موآب

چه کسی؟
جهان‌شمول
ملی
قبیله‌ای
ملی
جهان‌شمول

پیدایش آغازها
خروج بیرون رفتن
لاویان لاوی‌ها
اعداد آمار
تثنیه شریعت ثانی

۱-۷ هدایا و قربانی
۸-۱۰ کهانت
۱۱-۱۵ ناپاک ← پاک
۱۶ روز کفاره
۱۷-۲۲ معمولی ← مقدس
۲۳-۲۵ عبادت
۲۶-۲۷ الزامات و نذرها

عادل‌شمردگی
راهی به‌سوی خدا

راه‌رفتن با خدا
تقدیس

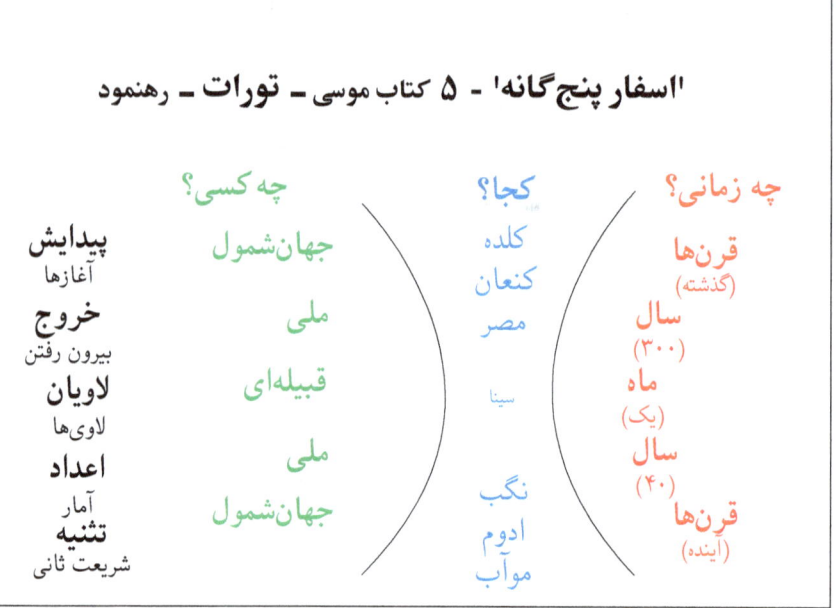

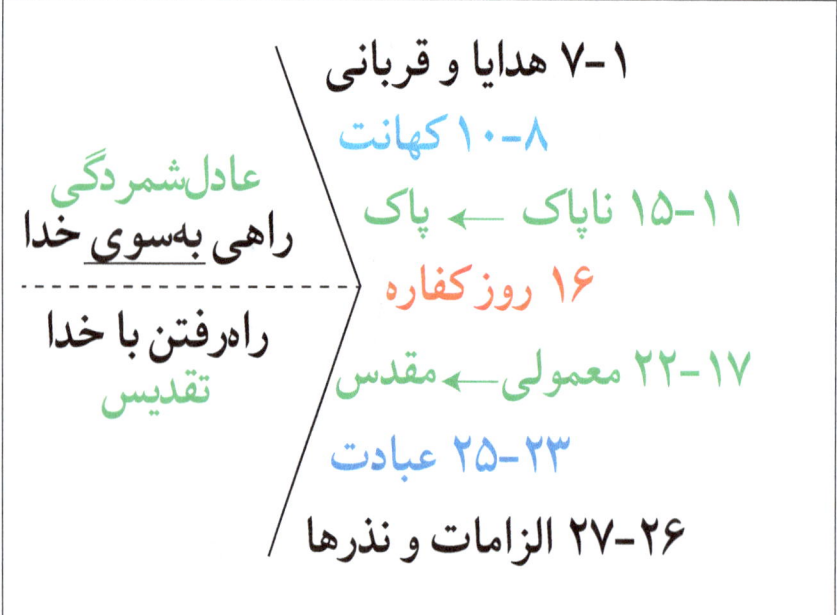

لاویان بخش ۱

هدایا

تسلیم	هدیهٔ سوختنی	
خدمت	غذا	قدردانی
آرامش	صلح	
جایگزین	گناه	جرم
رضایت	خطا	

اعیاد

ـ پانزدهم ماه اول	پسخ (نان فطیر)	
ـ ۳ روز بعد	نوبر محصول	اولین آمدن (گذشته)
ـ ۵۰ روز بعد	پنطیکاست (هفته‌ها)	
ـ اول ماه هفتم	شیپورها	
ـ ۳ روز بعد	روز کفاره	آمدن دوم (آینده)
ـ ۱۵-۲۲ روز بعد	عید خیمه‌ها (سکوت ـ آلاچیق‌ها)	
ـ هر هفتمین روز	روز شبات	استراحت
ـ هر پنجاهمین سال	سال یوبیل	رهاکردن

لاویان بخش ۱

قدوس
مقدس، خدایی
تقدیس‌کردن
نامقدس
معمولی
سکولار، خوب
پاک
زندگی
گناه
پاک‌کردن
آلوده‌کردن
ناپاک
گناهکار، بد
قربانی
مرگ

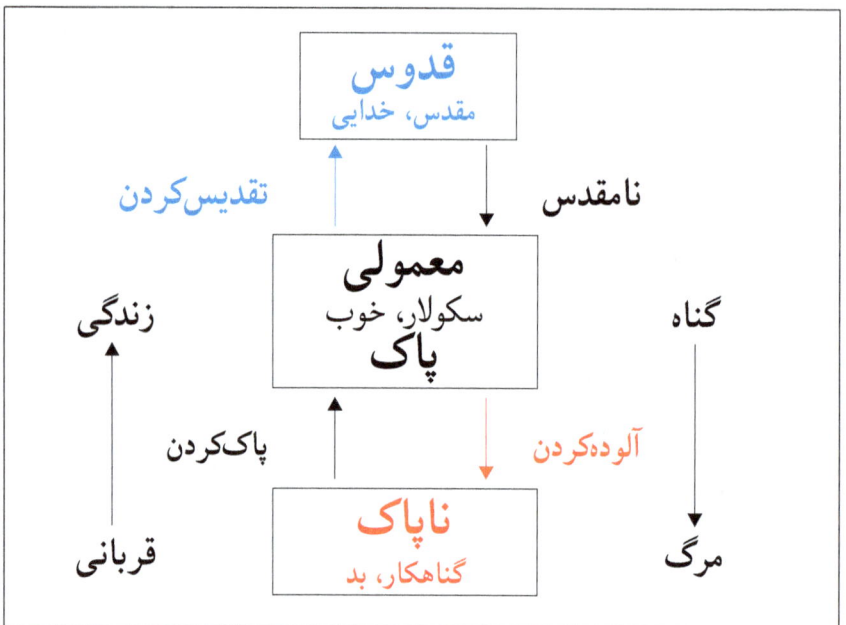

لاویان بخش ۲

بزِ عَزازیل

کوه اتنا

لاویان بخش ۲

هدایا

تسلیم	هدیهٔ سوختنی	قدردانی
خدمت	غذا	
آرامش	صلح	
جایگزین	گناه	جرم
رضایت	خطا	

اعداد بخش ۱

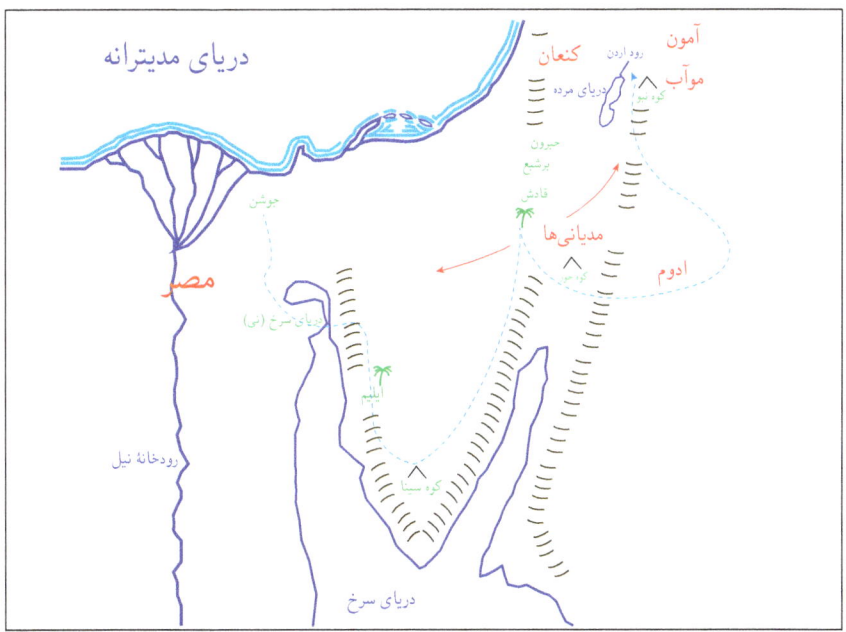

مصر
خروج ۱-۱۱

مصر به سینا
خروج ۱۲-۱۸

سینا
خروج ۱۹-۴۰
لاویان ۱-۲۷
اعداد ۱۱-۱۰۱۰

سینا به قادش
اعداد ۱۰۱۱-۱۲۱۶

قادش
اعداد ۱۳۱-۲۰۲۱

قادش به موآب
اعداد ۲۰۲۲-۲۱۳۵

موآب
اعداد ۲۲۱-۳۶۱۳
تثنیه ۱-۳۴

اعداد بخش ۱

آشر
دان
نفتالی
لاوی‌ها
مراری
بنیامین
یساکار
افرایم
لاوی‌ها
گرشون
خدا
قدس‌الاقداس
مکان مقدس
موسی
کاهنان
هارون
یهودا
منسی
لاوی‌ها
قهات
زبولون
جاد
رئوبین
شمعون

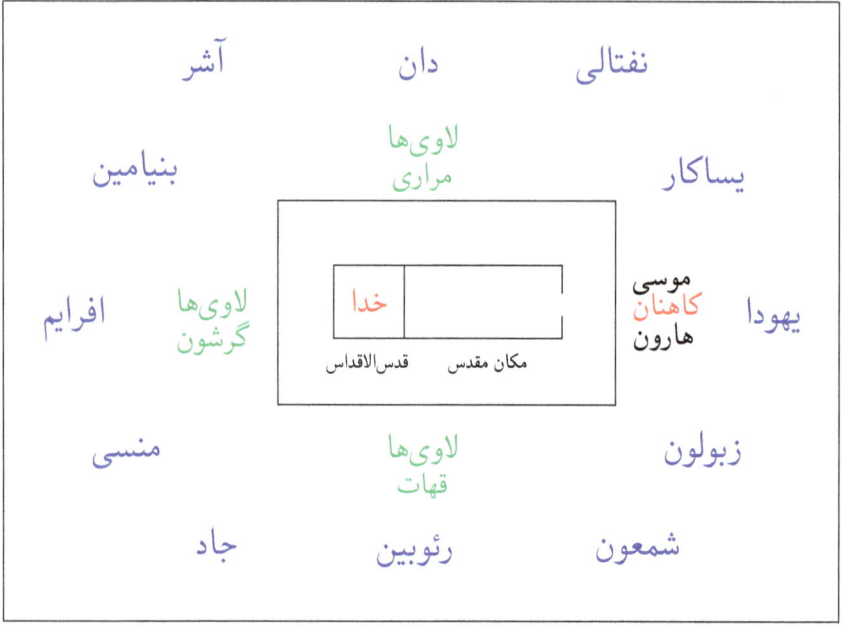

اعداد بخش ۲

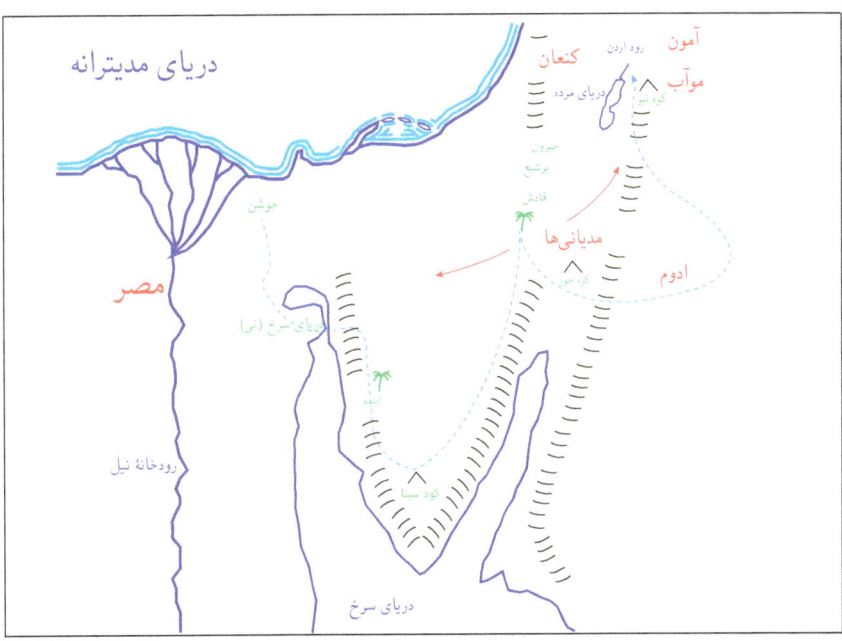

انگور در کنعان

تثنیه بخش ۱

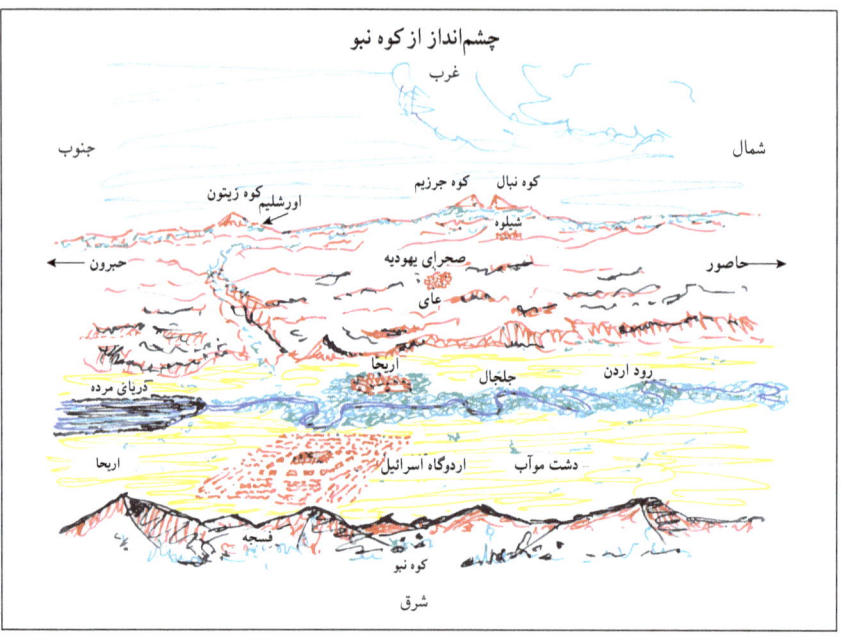

چشم‌انداز از کوه نبو

پیمان تابعیت

(بین پادشاه و تبعه‌گان جدید)

مقدمه ۱ ۱-۵

مقدمهٔ تاریخی ۱ ۶–۴ ۴۹

اعلامیهٔ اصول اساسی ۵-۱۱

قانون مشروح ۱۲-۲۶

الزامات ۲۷-۲۸

استناد به شاهد ۳۰ ۱۹ ۳۱ ۱۹ ۳۲
(غالباً الهی)

مقررات برای تداوم ۳۱-۳۴

مراسم تأیید و تصویب

تثنیه بخش ۱ و ۲

تثنیه
(DEUTERO = ثانی/دوم؛ NOMOS = شریعت/قانون)

۱. گذشته: یادآوری (۱۱-۴:۴۳)
الف. محکومیت بی‌ایمانی (۱:۶-۳:۲۹)
ب توصیه به وفاداری (۴:۱-۴۳)

۲. ارائه: مقررات (۴:۴۴-۲۶:۱۹)
الف ابراز محبت (۴:۴۴-۱۱:۳۲)
ب تفصیل قانون/شریعت (۱۲:۱-۲۶:۱۹)

۳. آینده: مجازات الهی (۲۷:۱-۳۴:۱۲)
الف تأیید عهد (۲۷:۱-۳۰:۲۰)
ب تضمین تداوم (۳۱:۱-۳۴:۱۲)

یوشع بخش ۱

عهدعتیق (عبری)

شش کتاب بعدی		پنج کتاب اول
یوشع		پیدایش
داوران		خروج
۱، ۲سموئیل		لاویان
۱، ۲پادشاهان		اعداد
		تثنیه

	انبیا (متقدم)	شریعت (تورات)
	تحقق	وعده
	قدردانی	فیض
	پارسایی/عدایت	رستگاری
	کاربست	قانونگذاری
یوشع	اطاعت	برکت‌یافته
⋮	(اِعطای زمین)	
۲پادشاهان	نافرمانی	لعن‌شده
	(از دست دادن زمین)	
	بیان مفاد عهد و پیمان	بستن عهد و پیمان
	تأثیر	علت

"یوشع"- طرح کلی

۱. مأموریت او (۱)

الف. تشویق الهی (آیه ۱-۹)
ب. شور و شوق انسانی (آیه ۱۰-۱۸)

۲. فرمان او (۲-۲۲)

الف. ورود (۲-۵)
i. قبل از (۲)
ii در طول (۳-۴)
iii. بعد از (۱۵-۱۲)
iv. فرماندهٔ لشکر خداوند (۵۱۳-۱۵)

ب. فتح (۶-۱۲)
i. مرکز (۶-۸)
ii. جنوب (۹-۱۰)
iii. شمال (۱۱)
iv. فهرست پادشاهان شکست‌خورده (۱۲)

ج. تقسیم زمین (۱۳-۲۲)
i. کرانهٔ شرقی (۱۳)
ii. کرانه باختری (۱۴-۱۹)
iii. شهرهای ویژه (۲۰-۲۱)
iv. مذبح قبایل در حال خروج (۲۲)

۳. تعهد الهی (۲۳-۲۴)

الف. مقام رهبری (۲۳)
ب. سوگند وفاداری (۲۴)

یوشع بخش ۲

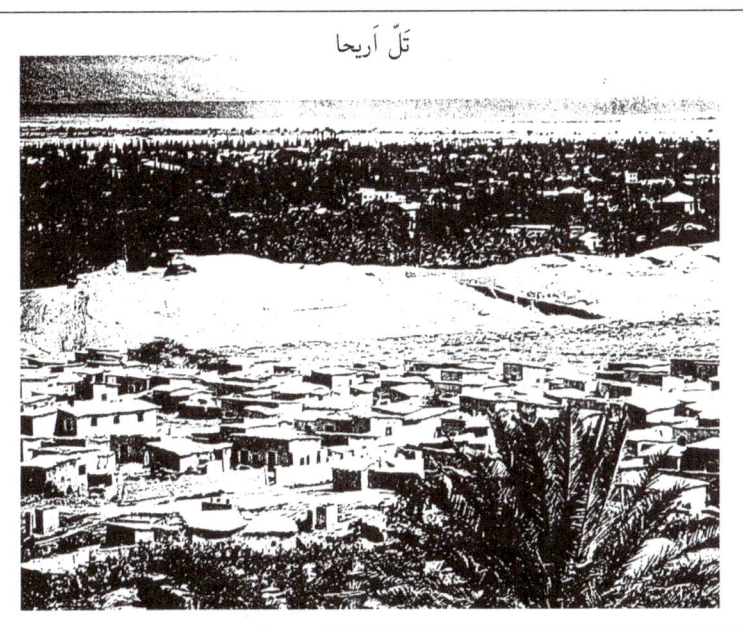

تَلّ اَریحا

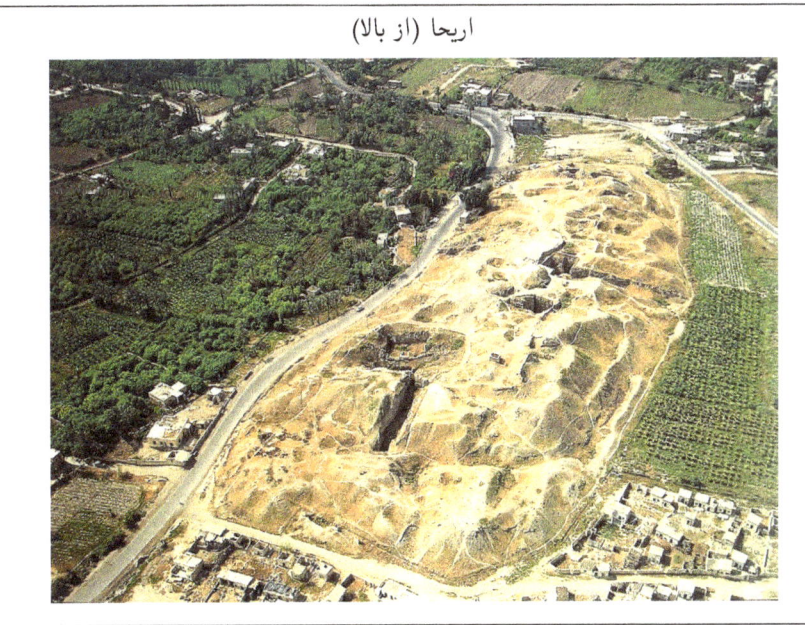

اریحا (از بالا)

یوشع بخش ۲

اریحا (قدیمی‌ترین ساختمان ۸۰۰۰ سال قبل از میلاد)

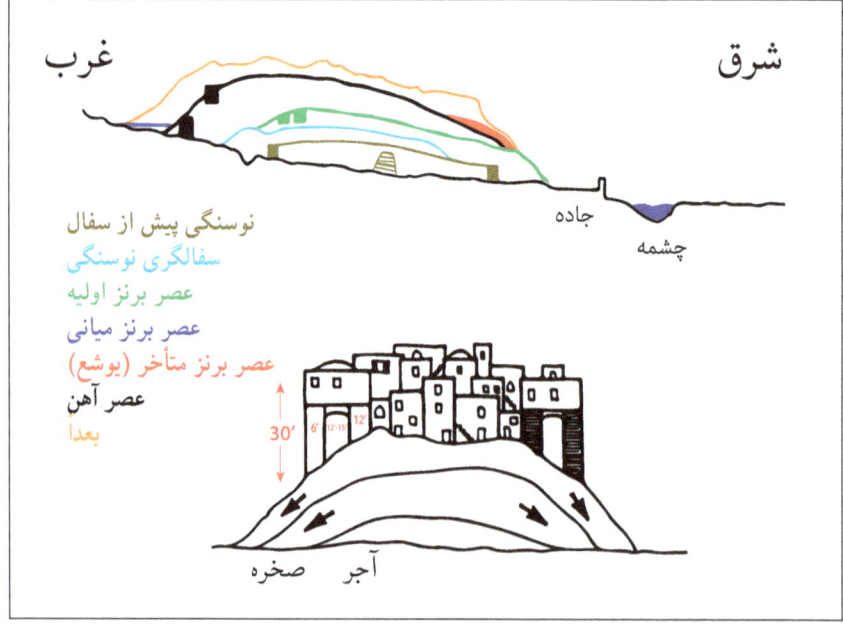

یوشع بخش ۲

عای

"یوشع"- طرح کلی

۱. مأموریت او (۱)

الف. تشویق الهی (آیه ۱-۹)
ب. شور و شوق انسانی (آیه ۱۰-۱۸)

۲. فرمان او (۲-۲۲)

الف. ورود (۲-۵)
i. قبل از (۲)
ii در طول (۳-۴)
iii. بعد از (۱۵-۱۲)
iv. فرماندهٔ لشکر خداوند (۵۱۳-۱۵)

ب. فتح (۶-۱۲)
i. مرکز (۶-۸)
ii. جنوب (۹-۱۰)
iii. شمال (۱۱)
iv. فهرست پادشاهان شکست‌خورده (۱۲)

ج. تقسیم زمین (۱۳-۲۲)
i. کرانهٔ شرقی (۱۳)
ii. کرانه باختری (۱۴-۱۹)
iii. شهرهای ویژه (۲۰-۲۱)
iv. مذبح قبایل در حال خروج (۲۲)

۳. تعهد الهی (۲۳-۲۴)

الف. مقام رهبری (۲۳)
ب. سوگند وفاداری (۲۴)

یوشع بخش ۲

درهٔ عجلون

سرزمین موعود

یوشع بخش ۲

الف. مداخلهٔ الهی

بدون او، آنها نمی‌توانستند این کار را انجام دهند.

۱. سخنان او
۲. اعمال او

ب. همکاری انسانی

بدون آنها، او این کار را نمی‌کرد.

اریحا:
۱. نگرش آنها
اعتماد
۲. عمل آنها
اطاعت

عای:
نگرش اشتباه
اعتمادبه‌نَفْس
اقدام اشتباه
نافرمانی

شکست توسط نیروهای برتر (۷)
فریب ترفندهای ظریف (۹)
از هم جدا شده به‌سبب خیانت محتمل (۲۲)

داوران و روت بخش ۱

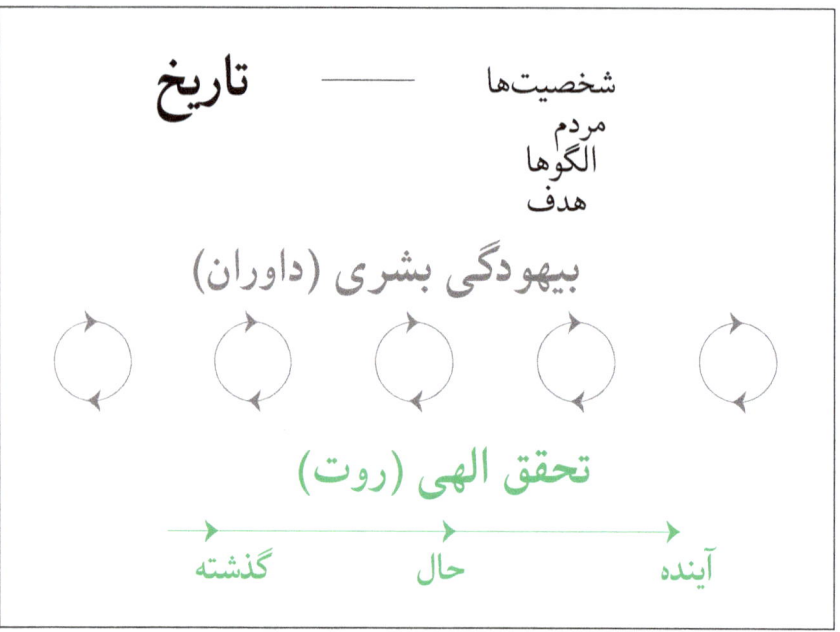

تاریخ

شخصیت‌ها ـــــــ

مردم

الگوها

هدف

بیهودگی بشری (داوران)

تحقق الهی (روت)

آینده ← حال ← گذشته

رهانندگان ("داوران")

عُتنِئیل
ایهوِد
شمجر
*دبورا/باراق
** جدعون
تولَع
یائیر
یفتا
اِبصان، و
اَیلون
عَبدون
*** شمشون

سرکوبگران

پادشاه اریحا
پادشاه موآب
آمونی‌ها
عمالقیان
* فلسطینیان
پادشاه هاثور
مدیانی‌ها + شرقی ها
عمالقیان
* فلسطینیان
آمونی‌ها
آمونی‌ها
* فلسطینیان

ضعف انسان : قوت الهی

داوران و روت بخش ۱

 www.davidpawson.org

آشنایی با کتاب‌مقدس

داوران و روت بخش ۱

چشمهٔ جدعون
(چشمهٔ هارود)

رئوس مطالب داوران:

الف. سازش توجیه‌ناپذیر (۱:۱-۳-۶)
۱. کمک هزینه (دره‌های آسیب‌پذیر)
۲. اتحاد (ازدواج مختلط)

ب. رفتار اصلاح‌ناپذیر (۷:۳-۱۶-۳۱)
۱. فتنه (توسط مردم)
۲. تسلیم‌شدن (در برابر دشمن)
۳. تضرع (به درگاه پروردگار)
۴. نجات (توسط یک رهاننده)

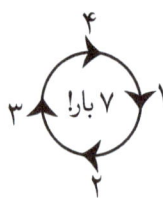

ج. فساد اجتناب‌ناپذیر (۱:۱۷-۲۵:۲۱)
۱. بت‌پرستی (در شمال): دان
۲. فساد اخلاقی (در جنوب): <u>بنجامین</u>

در آن روزها پادشاه نبود
به‌زعم خودشان، درست عمل کردند

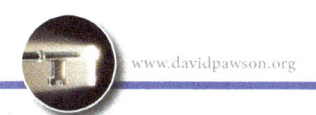

داوران و روت بخش ۲

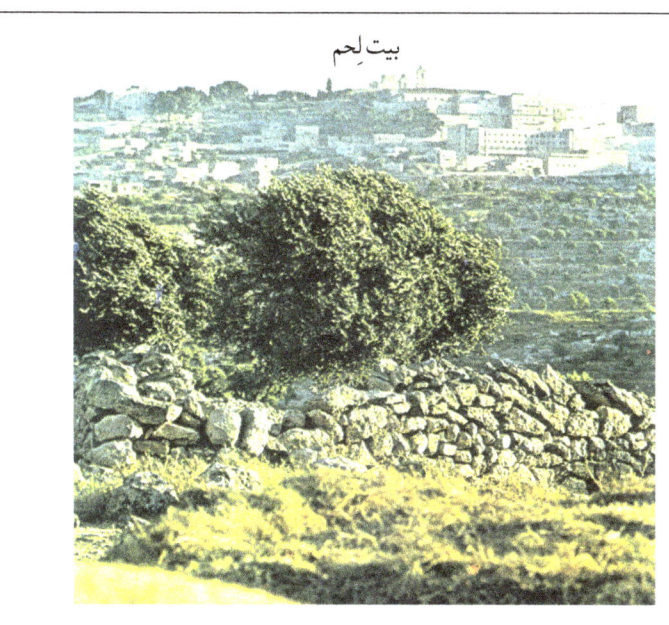

بیت‌لِحم

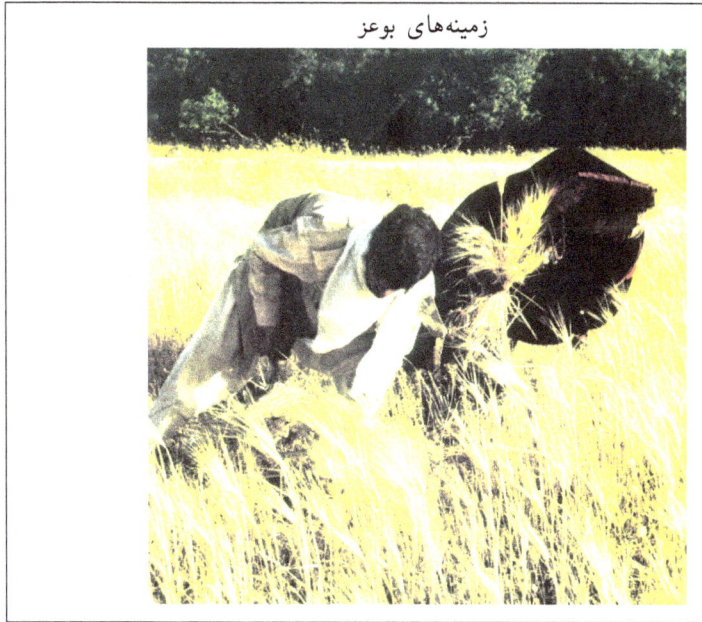

زمینه‌های بوعز

داوران و روت بخش ۲

طرح کلی روت:

الف. دو زن جدانشدنی

۱. زیان‌دیدنِ مادرشوهر

۲. وفاداری عروس

ب. دو مرد با نفوذ

۱. محبت خویشاوند رهاننده

۲. نَسَبِ شاهانه

داوران ــ بنیامین بد ــ شائول

روت ــ بیت‌لحم خوب ــ داوود

> سموئیل

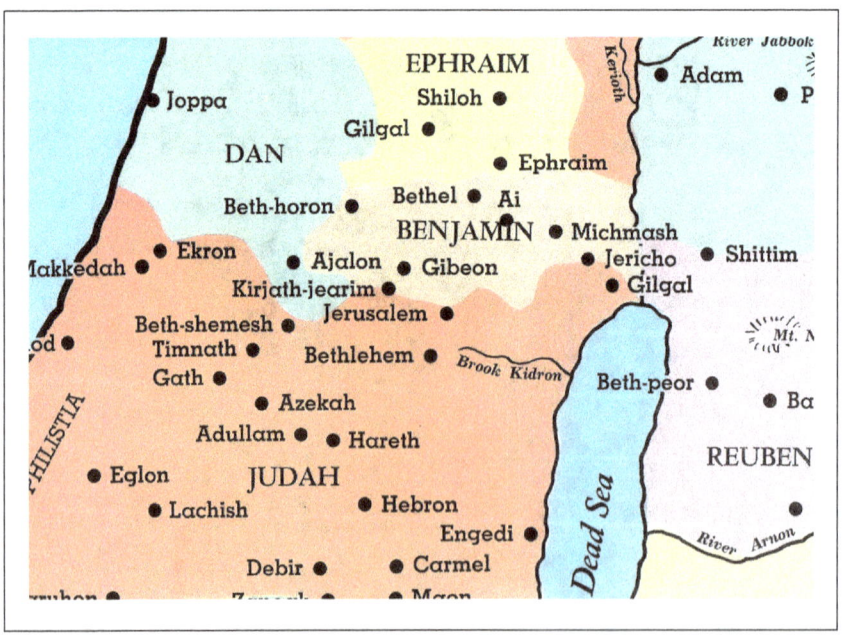

۱و۲سموئیل بخش ۱

۱ سموئیل

ب. شائول: اولین پادشاه (۱۳-۳۱)

۱. یوناتان ~ پسر ماجراجو (۱۳-a۱۴)
۲. سموئیل ~ نبی خشمگین (۱۵-b۱۴)
۳. داوود ~ رقیب ظاهری (۱۶-۲۶)

الف. چوپان ساده
ب. نوازندۀ ماهر
ج. جنگجوی فوق‌العاده
} در

د. درباری مظنون
ه. یاغی تحت تعقیب
و. تبعیدی ماجراجو
} بیرون

۴. فلسطینیان ~ دشمن متجاوز (۲۷-۳۱)

الف. سموئیل: آخرین داور (۱-۱۲)

۱. حنا ~ همسر مضطرب (۱-a۲)
۲. عیلی ~ کاهن بیمار (۲b-۳)
۳. اسرائیل ~ ارتش متکبر (۴-۷)
۴. شائول ~ پادشاه مسح‌شده (۸-۱۲)

معبد در شیلو

۱ و ۲ سموئیل بخش ۱

عین جدی

بیت‌شان

۱ و ۲ سموئیل بخش ۱

۲ سموئیل

ج. داوود: بهترین پادشاه (۱-۳۱)

۱. صعود پیروزمندانه (۱-۹)
- الف. یک قبیله
- ب. ملت مستقر   } بالا
- ج. امپراتوری بزرگ

۲. سقوط تراژیک (۱۰-۲۰)
- الف. مرد رسوا
- ب. خانوادهٔ فروپاشیده   } پایین
- ج. مردم ناراضی

پایان (۲۱-۲۴)

زندگی داوود
۱. در } قبل از سلطنت   ۳. بالا
۲. بیرون   ۴. پایین } پس از سلطنت

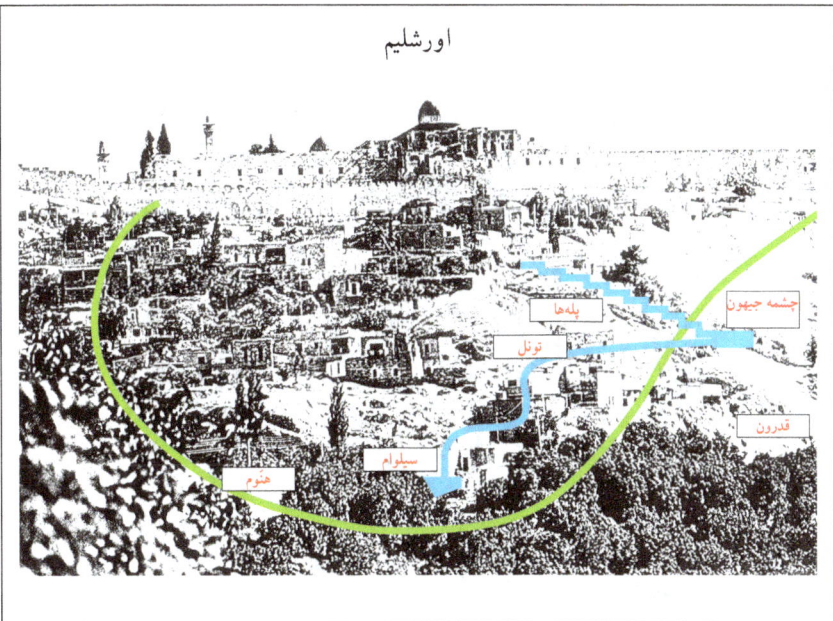

اورشلیم

۱ و۲ سموئیل بخش ۱

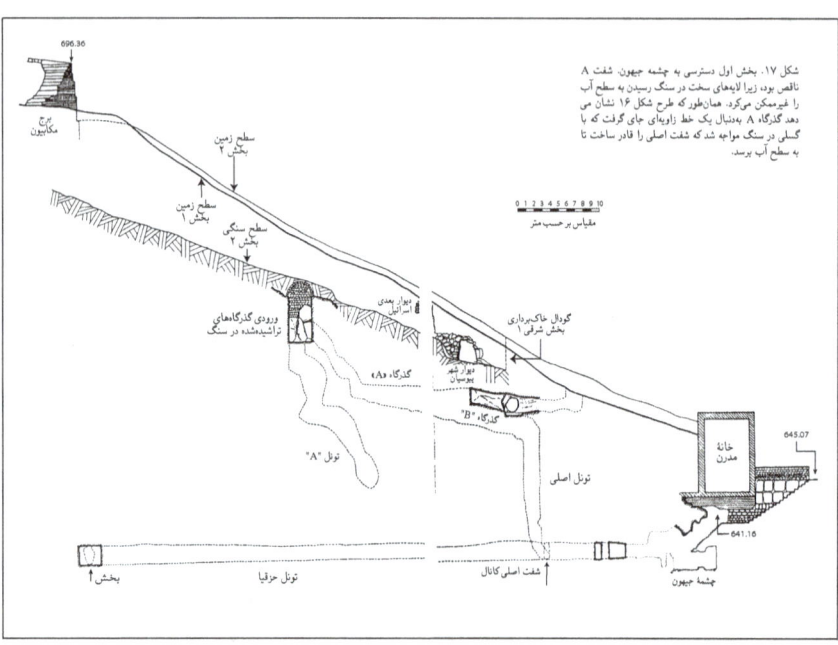

شکل ۱۷. بخش اول دسترسی به چشمه جیهون. شفت A ناقص بود، زیرا لایه‌های سخت در سنگ رسیدن به سطح آب را غیرممکن می‌کرد. همان‌طور که طرح شکل ۱۶ نشان می دهد گذرگاه A به‌دنبال یک خط زاویه‌ای جای گرفت که با گسلی در سنگ مواجه شد که شفت اصلی را قادر ساخت تا به سطح آب برسد.

تونل حزقیا (تونل سیلوام)

۱و۲سموئیل بخش ۲

مقبرهٔ سموئیل

۲ سموئیل

ج. داوود: بهترین پادشاه (۱-۳۱)

۱. صعود پیروزمندانه (۱-۹)

الف. یک قبیله
ب. ملت مستقر } بالا
ج. امپراتوری بزرگ

۲. سقوط تراژیک (۱۰-۲۰)

الف. مرد رسوا
ب. خانوادهٔ فروپاشیده } پایین
ج. مردم ناراضی

پایان (۲۱-۲۴)

زندگی داوود

۱. در
۲. بیرون } قبل از سلطنت

۳. بالا
۴. پایین } پس از سلطنت

۱و۲سموئیل بخش ۲

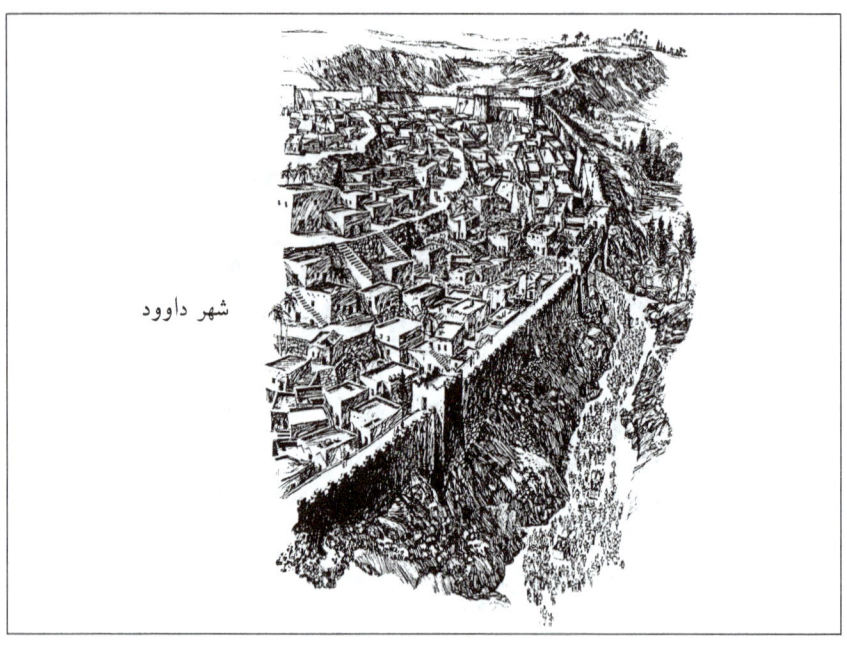

شهر داوود

روایت عهدعتیق

سطوح مطالعه

۱. حکایتی (داستان‌های جالب)
الف. بچه‌ها
ب. بزرگسالان

۲. عبادی (پیام‌های شخصی)
الف. راهنمایی
ب. تسلی

۳. زندگی‌نامه‌ای (مطالعهٔ شخصیتی)
الف. انفرادی
ب. اجتماعی

۴. تاریخی (توسعهٔ ملی)
الف. رهبری
ب. ساختار

۵. نقادانه (خطاهای احتمالی)
الف. «سطح پایین» ~ متن
ب. "سطح بالاتر" ~ زمینه

۶. الهیاتی (مداخلهٔ مشیت الهی)
الف. عدالت ~ مجازات
ب. رحمت ~ رستگاری

۱و۲ پادشاهان بخش ۱

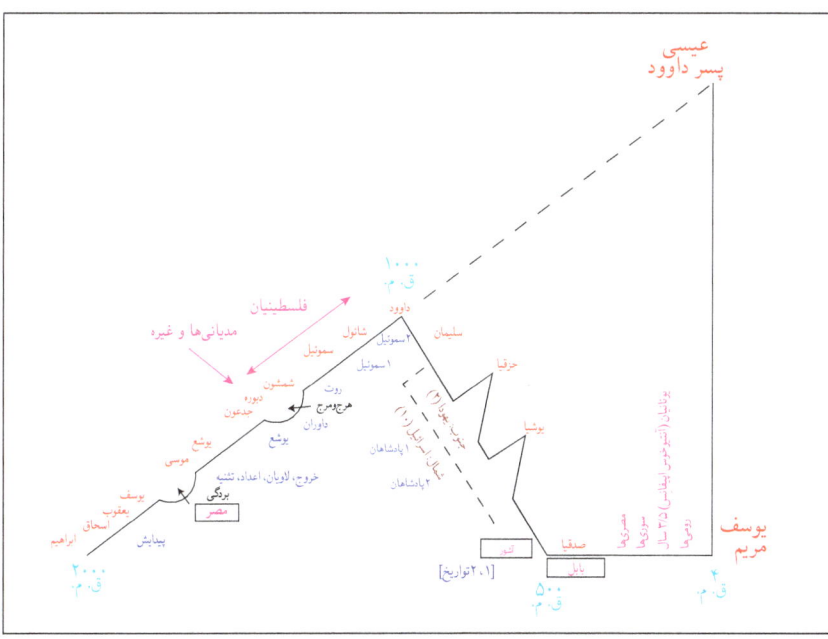

تاریخ اسرائیل

سه مرحله، هدایت‌شده توسط:

انبیا ~ از موسی تا سموئیل
پادشاهان ~ از شائول تا صدقیا
کاهنان ~ زروبابل به قیافا

"پادشاهی اسرائیل"
گنجانده در چهار کتاب

۱ پادشاهان – سلیمان تا آخاب   ۱ سموئیل – سموئیل تا داوود
۲ پادشاهان – آخاب تا صدقیا   ۲ سموئیل – داوود

دو کتاب در عبری
چهار کتاب در یونانی (LXX) "پادشاهی‌ها"
در متون مقدس عبری
نه "تاریخ"
بلکه «نبوّت» (شریعت، انبیا، نوشته‌ها)
«انبیای متقدم»
(یوشع، داوران، سموئیل، پادشاهان)
«انبیای متأخر»
(اشعیا، ارمیا، حزقیال + دوازده)

۱و۲پادشاهان بخش ۱

پادشاهی اسرائیل

۱. پادشاهی متحد

شائول ۴۰ (۱سموئیل)
داوود ۴۰ (۲سموئیل)
سلیمان ۴۰ (۱پادشاهان ۱-۱۰)

۲. پادشاهی تقسیم‌شده

یهودا ~ ۲ قبیله در جنوب
اسرائیل ~ ۱۰ قبیله در شمال
جنگ ۸۰ (۱ ۱۲-۱۶)
صلح ۸۰ (۱ ۱۶- ۲ ۲۰)
جنگ ۵۰ (۲ ۱۱-۱۷)

ایلیا (۱ ۱۷-۱۱ ۲)
الیشع (۱ ۱۹-۲ ۹)

از اسرائیل تا آشور ۷۲۱ ق.م.

۳. پادشاهی واحد

یهودا ("یهود") ۱۴۰ (۲ ۱۸-۲۵)
از یهودا به بابل ۵۸۷ ق.م.

۱ و ۲ پادشاهان بخش ۲

معبد سلیمان

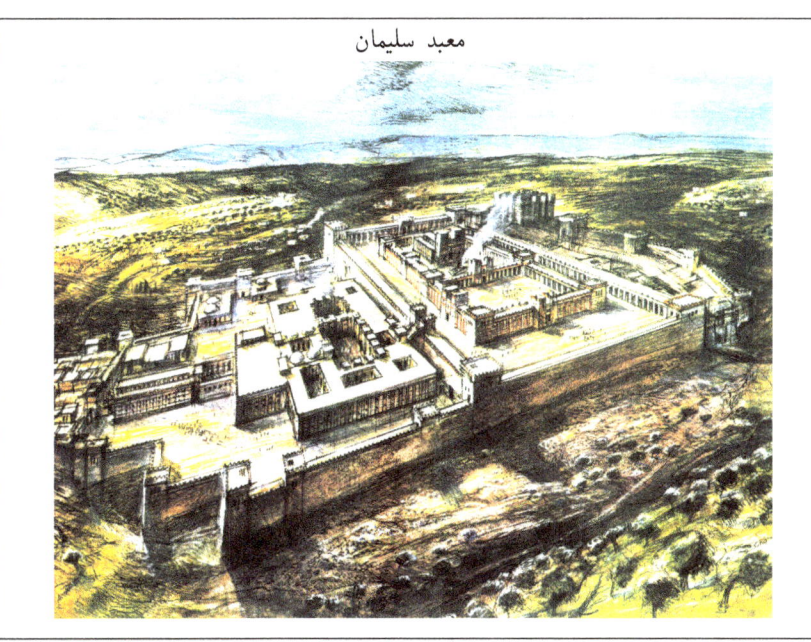

غار زیر معدن

آشنایی با کتاب‌مقدس

۱ و ۲ پادشاهان بخش ۲

1 & 2 KINGS PART 2

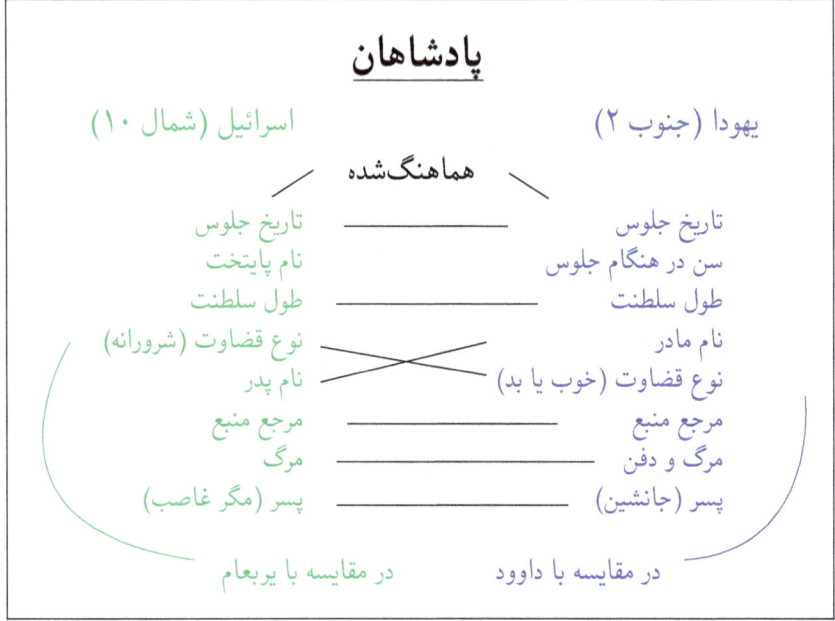

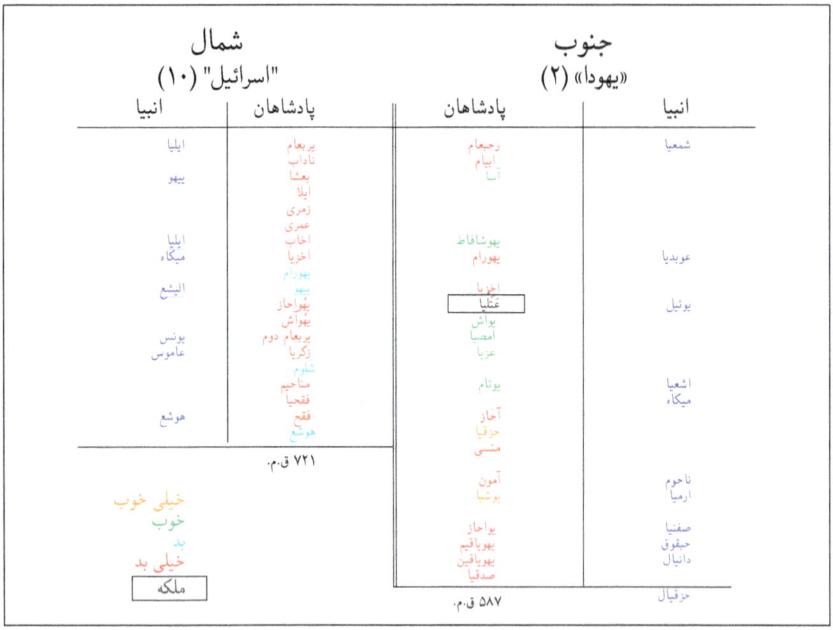

۱و۲تواریخ بخش ۲

1 & 2 CHRONICLES

انگلیسی ——— عهدعتیق ——— عبری

انگلیسی

شعر (حال حاضر)

*مزامیر *ایوب
*جامعه *امثال
*غزل غزل‌های سلیمان

نبوت (آینده)

انبیای بزرگ (۴):
اشعیا
ارمیا
مراثی
حزقیال
دانیال

انبیای کوچک (۱۲):
هوشع
یوئیل
عاموس
عوبدیا
یونس
میکاه
ناحوم
حبقوق
صفنیا
حجی
زکریا
ملاکی
"لعنت"

عهدعتیق

*استر
*دانیال
*عزرا
*نحمیا
*۱. ۲تواریخ ایام
(تواریخ)

(لوقا ۲۴: ۲۷،۴۴) "بالارفتن" (aliya)

تاریخ (گذشته)

*پیدایش
*خروج
*لاویان
*اعداد
*تثنیه
*یوشع
*داوران
*روت
*۱. ۲سموئیل
*۱. ۲پادشاهان
*۱. ۲تواریخ
*عزرا
نحمیا
استر

عبری

شریعت (تورات، پنج کتاب)
در اغاز (پیدایش)
اینها اسامی هستند (خروج)
و او فراخواند (لاویان)
در بیابان (اعداد)
این کلمات هستند (تثنیه)

انبیا

متقدم: *داوران *یوشع
*پادشاهان *سموئیل

متأخر:
ارمیا اشعیا
هوشع حزقیال
عاموس یوئیل
یونس عوبدیا
ناحوم میکاه
صفنیا حبقوق
زکریا حجی
ملاکی

نوشته‌ها

*پرستش‌ها (مزامیر)
*ایوب
*امثال
*روت
*غزل غزل‌ها
*واعظ (جامعه)
*چگونه ممکن است! (مرثیه)

ارزیابی	ارتباط	انتخاب
تواریخ		**سموئیل/پادشاهان**
زودتر شروع می‌شود، دیرتر تمام می‌شود		سموئیل / پادشاهان
		۵۰۰ سال
مدت‌ها بس از حوادث نوشته شده است		چندیپس از حوادث نوشته شده است
تاریخ دینی		تاریخ سیاسی
دیدگاه کهانتی		دیدگاه نبوتی
پادشاهان جنوبی		پادشاهان { شمالی / جنوبی
وفاداری الهی		قصورات انسانی
فضایل سلطنتی		رذایل سلطنتی
مثبت		منفی
روحانی ـ آیینی		اخلاقی ـ عدالت
کاهن		نبی

۱و۲تواریخ بخش ۲

موضوع

تبعیدیان بازگشته

آنها چه کسانی بودند -
قومی ریشه‌دار

آنها چه بودند -
قومی ملوکانه

آنها چرا -
قومی دین‌دار بودند

طرح کلی

I پادشاه خداشناس

۱-۹ آدم تا شائول
اولین پادشاه اسرائیل
۱۰-۲۹ داوود و صندوق عهد
بهترین پادشاه اسرائیل

II پادشاهان خداشناس

۱-۹ سلیمان و معبد
آخرین پادشاه اسرائیل
۱۰-۳۶ یربعام تا صدقیا
بهترین پادشاهان یهودا
آخرین پادشاه یهودا
تاج و تخت و معبد

عزرا و نحمیا بخش ۱

دو تبعیدی

۱. «اسرائیل» (۱۰ قبیله) ← آشور ۷۲۱
۲. «یهودا» (۲ قبیله) ← بابل ۵۸۶
(شامل بنیامین
"یهودی"

سه تبعید

۱. دادگاه (دانیال) ۶۰۶
۲. صنعتگران (حزقیال) ۵۹۷
۳. مابقی ۵۸۶

نبوکدنصر
پارس
کوروش
داریوش اول

۷۰ سال

سه بازگشت

۱. زروبابل (۵۰۰۰۰) ۵۳۷
یهودا، بنیامین
۲. عزرا (۱۸۰۰) ۴۵۸
کاهنان، چند لاوی
} (خشایارشا) اردشیر اول
۳. نحمیا ۴۴۴
(۱۰ قبیله بعداً به عقب برمی‌گردند)

نحمیا	عزرا
۱-۲ بازگشت سوم ab	۱-۲ بازگشت اول ab
۳-۷ بازسازی abc	۳-۶ بازسازی abc
۸-۱۰ تجدیدحیات abc	۷-۸ بازگشت دوم abc
۱۱-۱۳ اصلاحات ab	۳-۷ اصلاحات ab

باب. ۹ دعای اقرار و توبه

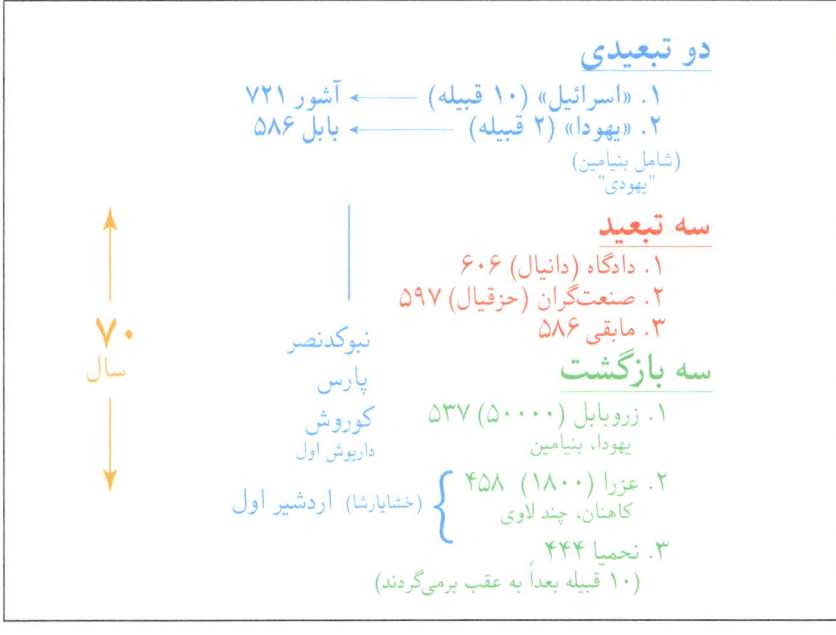

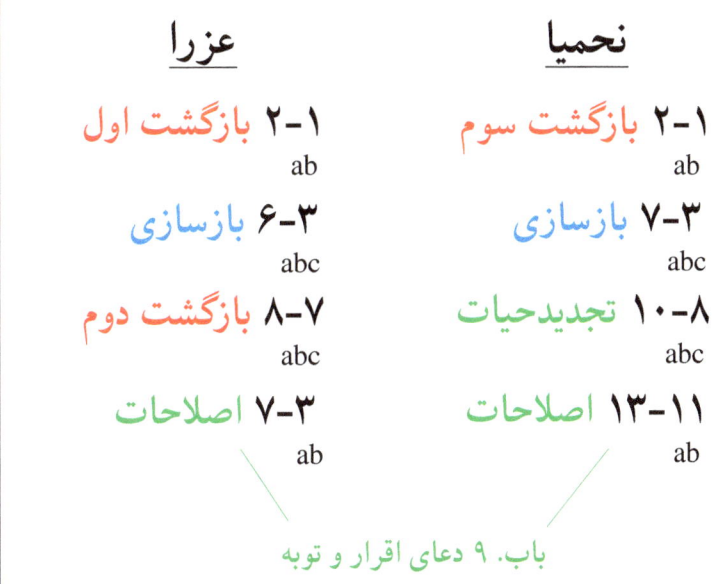

عزرا و نحمیا بخش ۱

عزرا

طرح کلی کتاب

۱. بازگشت اول (۱-۲)

الف. کوروش: فرمان ساخت معبد (۱)
ب. زروبابل: و همکار. "بالارفتن" (۲)

۲. بازسازی (۳-۶)

الف. یشوعَ: محراب و شالودهٔ معبد (۳)
ب. خشایارشا: نامه دریافت شد (۴)
ج. داریوش: نامه دریافت و ارسال شد (۵-۶)

۳. بازگشت دوم (۷-۸)

الف. عزرا: و همکار. «بالا رفتن» (a۷)
ب. اردشیر: نامهٔ ارسال‌شده (b۷)
ج. لاویان: «بالارفتن» (۸)

۴. اصلاحات (۹-۱۰)

الف. شفاعت خصوصی (۹)
ب. اعترافات عمومی (۱۰)

عزرا و نحمیا بخش ۲

نحمیا
طرح کلی کتاب

۱. **بازگشت سوم (۱-۲)**
   الف. اطلاعات غم‌انگیز (۱)
   ب. بازرسی مخفی (۲)

۲. **بازسازی (۳-۷)**
   الف. ایجاد دفاع (۳)
   ب. مواجهه با مشکلات (۴-۶)
   i. مخالفت خارجی ii. بهره‌برداری داخلی
   ج. ثبت‌نام نوادگان (۷)

۳. **تجدید حیات (۸-۱۰)**
   الف. ارتباط با کتاب‌مقدس (۸)
   ب. اعتراف به گناه (۹)
   ج. عهد تسلیم (۱۰)

۴. **اصلاحات (۱۱-۱۳)**
   الف. مقدار کافی (۱۱)
   ب. کیفیت روحانی (۱۲-۱۳)
   i. وجوه اختلاس‌شده   iii. ازدواج‌های مختلط
   ii. هتک حرمت از شبات   iv. وظایف نادیده‌گرفته شده

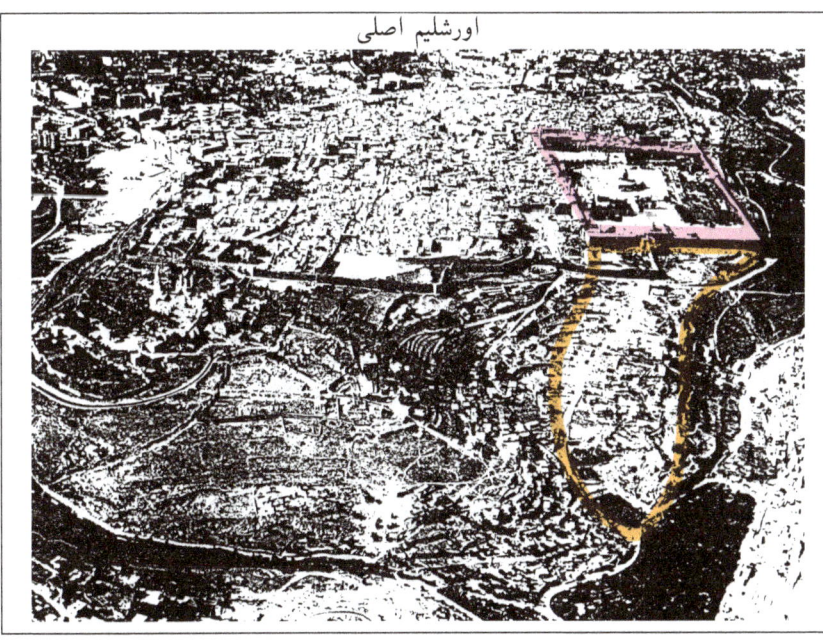

اورشلیم اصلی

 www.davidpawson.org

عزرا و نحمیا بخش ۲

خط الرأس اورشلیم

خط الرأس اورشلیم

عزرا و نحمیا بخش ۲

دیوار نحمیا

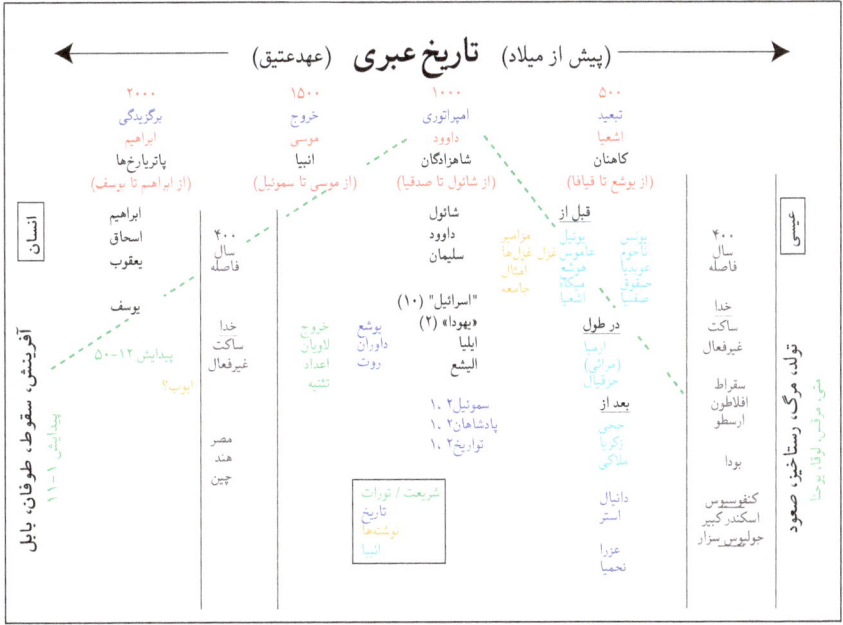

استر

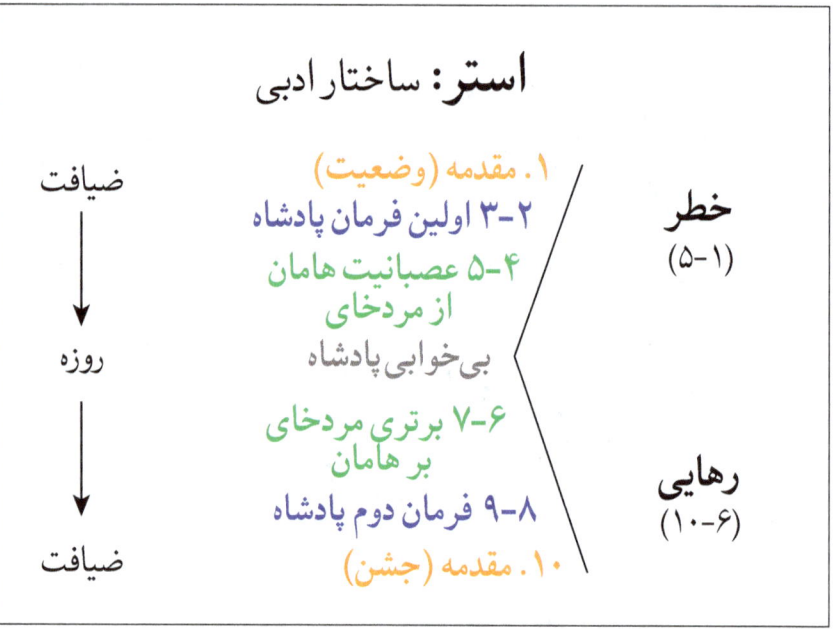

استر: ساختار ادبی

ضیافت

۱. مقدمه (وضعیت)

۲–۳ اولین فرمان پادشاه

۴–۵ عصبانیت هامان از مردخای

خطر (۱–۵)

روزه

بی‌خوابی پادشاه

۶–۷ برتری مردخای بر هامان

۸–۹ فرمان دوم پادشاه

رهایی (۶–۱۰)

ضیافت

۱۰. مقدمه (جشن)

اشعار توشیحی در استر

1.20	5.4	5.13	7.7	7.5
DUE RESPECT OUR LADIES SHALL GIVE TO THEIR HUSBANDS, BOTH TO GREAT AND SMALL	LET OUR ROYAL DINNER THIS DAY BE GRACED BY KING AND HAMAN	YET I AM SAD FOR NO AVAIL IS ALL THIS TO ME	FOR HE SAW THAT THERE WAS EVIL TO FEAR DETERMINED AGAINST HIM BY THE KING	WHERE DWELLETH THE ENEMY THAT DARETH PRESUME IN HIS HEART TO DO THIS THING ?
HVHJ *BACKWARD GENTILE SPEAKS ABOUT QUEEN*	**JHVH** *FORWARD JEW SPEAKS BY QUEEN*	**HVHJ** *BACKWARD GENTILE SPEAKS BY HAMAN*	**JHVH** *FORWARD JEW WRITES ABOUT HAMAN*	**EHYH** *BACKWARD GENTILE SPEAKS - I AM (EXOD.3.15)*

در زبان عبری (چنانکه در ترجمهٔ انگلیسی نشان داده شده) اگر حروف اول کلمات عبارات آغازین شعر را کنار هم بگذاریم، یک کلمهٔ جدید ساخته می‌شود. مثل خداوند (Lord)

ایوب بخش ۱ و ۲

ساختار ایوب

الف. مقدمه (۱-۲) نثر
دو دور: خدا و شیطان

ب. دیالوگ (۳-۳۷) شعر

۱. انسان (۳-۳۷)
الف. الیفاز، بیلداد، صوفر (۳-۳۱)
   i. دور ۱ (۳-۱۴)
   ii. دور ۲ (۱۵-۲۱)
   iii. دور ۳ (۲۲-۳۱)
ب. الیهو (۳۲-۳۷)
یک تکگویی!

۲. الهی (۳۸-۶:۴۲)
   i. دور ۱ (۳۸-۳۹)
   ii دور ۲ (۴۰-۶:۴۲)

ج. موخره (۷:۴۲-۱۷)
دور نهایی: خدا و ایوب

سه «دوست» ایوب

صوفر	بلدد	الیفاز

عادل سعادت مییابد
شرور رنج میبیند

دانایی مطلق خدا	قدرت مطلق خدا	تعالی خدا

شعر عبری

شعر عبری

"توازی" قافیه فکری
تعادل معنی، نه صدا

۱. مترادف همان فکر ـ کلمات متفاوت

الف. فقط تکرار شده

از روح تو کجا بگریزم؟
از حضور تو کجا فرار کنم؟

ب. پیش‌تر رفتن

خداوندا، در خشم خود توبیخم مکن،
و در غضب خویش تأدیبم منما.
خداوندا، مرا فیض عطا فرما، زیرا که پژمرده‌ام؛
خداوندا، شفایم بخش، زیرا استخوانهایم مضطرب است.

۲. متضاد فکر مخالف

آنان که با اشک‌ها می‌کارند،
با فریاد شادی درو خواهند کرد!
آن که گریان بیرون می‌رود
و بذر برای افشاندن می‌بَرد،
با فریاد شادی باز خواهد گشت،
و بافه‌های خود را خواهد آورد!

۳. ترکیبی افزودن ایده

خداوند شبان من است؛
محتاج به هیچ چیز نخواهم بود.
در چراگاه‌های سرسبز مرا می‌خواباند؛
نزد آب‌های آرام‌بخش رهبری‌ام می‌کند

مزامیر بخش ۱

مزامیر

نام‌های الهی		کتاب‌ها:
الوهیم	یهوه	
۱۵	۲۷۲	I (۴۱) ۱–۴۱
۲۰۷	۷۴	II (۳۰) ۴۲–۷۲
۳۶	۱۳	III (۱۶) ۷۳–۸۹
۷	۳۳۹	IV (۱۶) ۹۰–۱۰۶
		V (۴۳) ۱۰۷–۱۵۰

نویسندگان

داوود ~ بیشتر در بخش‌های اول و دوم، برخی در بخش پنجم
پسران قوره ~ در بخش دوم (۴۲–۴۹) و سوم
پسران آساف ~ در بخش سوم (۷۳–۸۳)
موسی ~ یکبار در چهارم (۹۰)

عین جدی

مزامیر بخش ۱ و ۲

مسادا

مزامیر

انواع:
مرثیه (بیشتر)
شکرگزاری (بسیار)
توبه (اندک)

گروه‌ها:
۲۲-۲۴: صلیب، عصا و تاج
۹۶-۹۹: خدا پادشاه است
۱۱۳-۱۱۸: هالل (پسخ)
۱۲۰-۱۳۴: سرودهای صعود
۱۴۶-۱۵۰: هللویا!

دسته‌بندی‌های ویژه:
سلطنتی
مسیحایی
حکمت
"لعن‌آمیز"

امثال بخش ۱ و۲

طرح کلی امثال

[مقدمه ۱$^{۱-۷}$]

توصیه به جوانان (۱^{۸}–۹^{۱۸})
پند یک پدر در مورد زنان بد

امثال سلیمان (۱۰^{۱}–۲۲^{۱۶})
جمع‌آوری‌شده توسط خودش

سخنان حکیمان (۲۲^{۱۷}–۲۳^{۱۴})
سی گفته

توصیه به جوانان (۲۳^{۱۵}–۲۴^{۲۲})

سخنان حکیم (۲۴$^{۲۳-۳۴}$)
شش گفته

امثال سلیمان (۲۵^{۱}–۲۹^{۲۷})
نسخه‌برداری‌شده توسط حزقیا

[آگور ۳۰$^{۱-۳۳}$]

توصیه به جوانان (۳۱$^{۱-۳۱}$)
پند یک مادر در مورد زنان خوب

امثال سلیمان (۱۰^{۱}–۲۲^{۱۶})
جمع‌آوری‌شده توسط خودش

۱. تضاد ~ زندگی خداپسندانه و شریرانه (۱۰^{۱}–۱۵^{۳۳})
۲. محتوا ~ زندگی خداپسندانه (۱۶^{۱}–۲۲^{۱۶})

امثال سلیمان (۲۵^{۱}–۲۹^{۲۷})
نسخه‌برداری‌شده توسط حزقیا

۱. روابط با پادشاهان (۲۵$^{۱-۷}$)
همسایگان (۲۵$^{۸-۲۰}$)
دشمنان (۲۵$^{۲۱-۲۴}$)
خودتان (۲۵$^{۲۵-۲۸}$)
احمق‌ها (۲۶$^{۱-۱۲}$)
تنبل‌ها (۲۶$^{۱۳-۱۶}$)
شایعه‌پراکنی (۲۷^{۱}–۲۹^{۲۷})
۲. عدالت (۲۷^{۱}–۲۹^{۲۷})

توصیه به جوانان (۳۱$^{۱-۳۱}$)
پند یک مادر در مورد زنان خوب

۱. پادشاه یک ملت (۳۱$^{۱-۹}$)
۲. ملکه یک خانه (۳۱$^{۱۰-۳۱}$)

توصیه به جوانان (۱^{۸}–۹^{۱۸})
پند یک پدر در مورد زنان بد

۱. **انجام دهید:** از والدین خود اطاعت کنید (۱$^{۸-۹}$)
جست‌وجو کنید، خرد را بجویید (۲^{۱}–۳^{۲۶}؛ ۴$^{۱۳-۱۴}$؛ ۸^{۱}–۹^{۱۲})
با دیگران مهربان باشید (۳$^{۲۷-۳۵}$)
قلبت را حفظ کن (۴$^{۲۳-۲۷}$)
به همسرتان وفادار باشید (۵$^{۱۵-۲۳}$)

۲. **نباید:** وارد مصاحبت بد شوید (۱$^{۱۰-۱۹}$؛ ۴$^{۱۴-۲۲}$)
زناکردن (۵$^{۱-۱۴}$؛ ۶^{۲۰}–۷^{۲۷})
گرفتن وام (۶$^{۱-۵}$)
تنبلی (۶$^{۶-۱۹}$)
دوستی با زنان احمق (۹$^{۱۳-۱۸}$)

جامعه

خدا حاکم است
فصل‌ها را تعیین می‌کند:
تاریخ تولد،
روز مرگ.
زمان کاشت،
زمان درو.
زمان کشتن،
زمان برای شفا.
زمان ویران‌کردن،
زمان ساخت و ساز؛
زمان اندوه،
زمان شادی؛
وقت عزاداری،
زمان رقصیدن؛
زمان بوسیدن،
زمان توقف!

زمان یافتن،
زمان ازدست‌دادن؛
زمان صرفه‌جویی،
زمان اسراف؛
زمان پاره‌کردن،
زمان اصلاح؛
زمان سکوت،
زمان صحبت‌کردن.
زمان عشق‌ورزیدن،
زمان تنفر؛
زمان مبارزه،
زمان صلح.
پس از آن لذت ببر،
اما یادت باشد...
خدا حاکم است.
او حکم می‌کند.

اشعیا بخش ۱

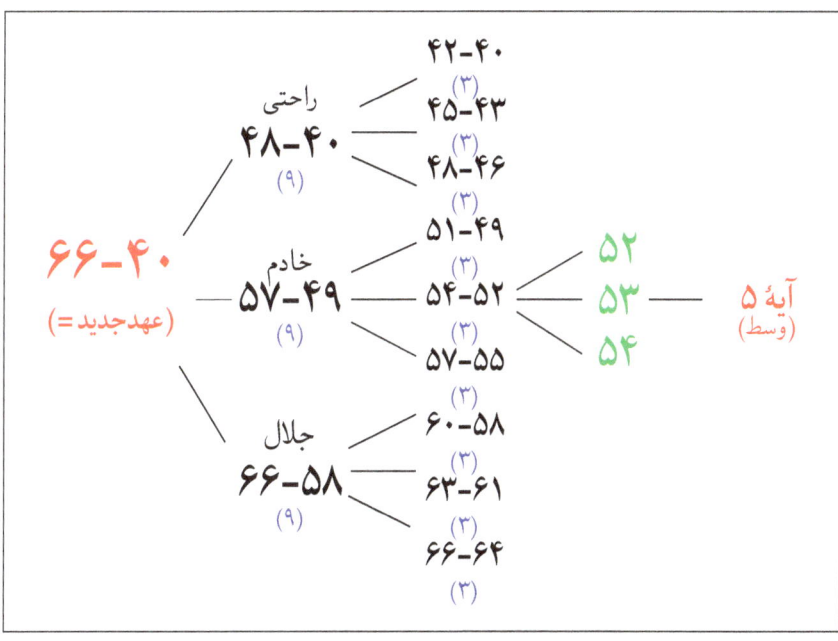

گناه، سرخ چون ارغوان

اشعیا بخش ۱

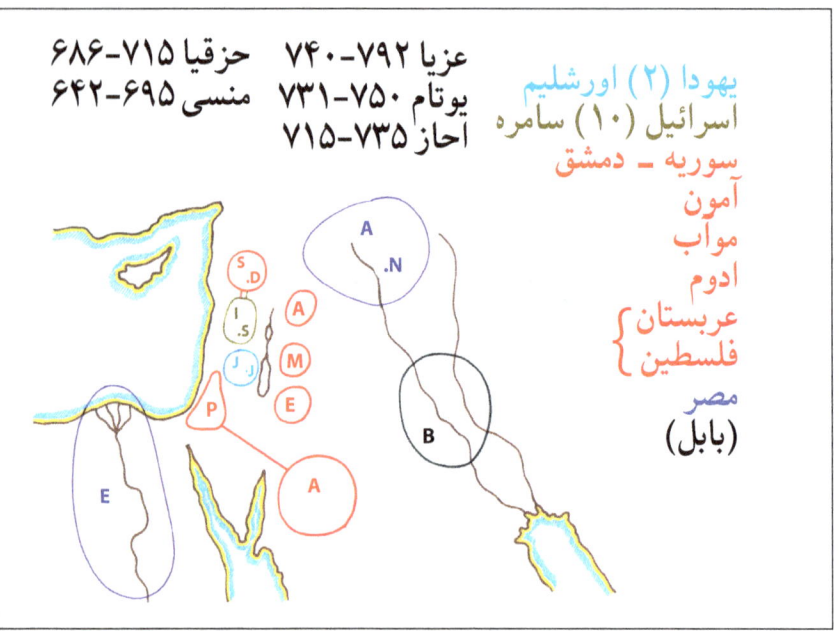

عزیا ۷۹۲-۷۴۰ حزقیا ۷۱۵-۶۸۶
یوتام ۷۵۰-۷۳۱ منسی ۶۹۵-۶۴۲
آحاز ۷۳۵-۷۱۵

یهودا (۲) اورشلیم
اسرائیل (۱۰) سامره
سوریه ـ دمشق
آمون
مواب
ادوم
عربستان }
فلسطین }
مصر
(بابل)

رویدادها	رویدادها	نبردها	نبردها	شخصیت	پادشاهان
جذام عاموس شمال		برنده بازنده	[فلسطین، عربستان] آشور	خوب بد	عزیا ۵۲
"عمانوئیل" هوشع شمال	آشور	برنده برنده	آمون [اسرائیل، سوریه]	خوب	یوتام ۱۹
۷۲۱ } سامره سقوط می‌کند اسرائیل به پایان می‌رسد		بازنده بازنده بازنده	ادوم فلسطین آشور	بد	آحاز ۲۰
تونل آب باب‌های ۳۶-۳۹	مصر	برنده برنده	فلسطین آشور	خوب	حزقیا ۲۹
اشعیا کشته می‌شود		بازنده	آشور	بد	منسی ۵۳

اشعیا بخش ۱

مقبرهٔ عزیا

سنخاریب پادشاهان آشوری‌ها

اشعیا بخش ۱

تونل حزقیا (تونل سیلوام)

کتیبهٔ سیلوام

اشعیا بخش ۱

سربازان آشوری

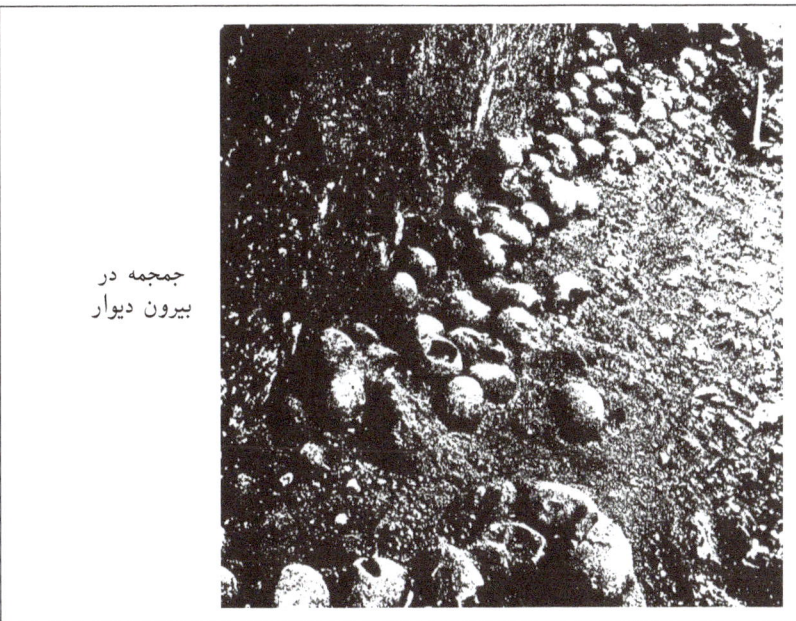

جمجمه در بیرون دیوار

اشعیا بخش ۱

بخش اول (۱-۳۹=عهدعتیق)	بخش دوم (۴۰-۶۶=عهدجدید)
اخبار بد بیشتر	اخبار خوب بیشتر
فعالیت‌های بشری	فعالیت الهی
گناه و مجازات	نجات و رهایی
عدالت	رحمت
مقابله	تسلی‌دادن
خدای اسرائیل	خالق جهان
ملی	بین‌المللی
اسرائیل و همسایگان	اسرائیل و ملل
خدا_آتش	پدر_خدا
دست برای مجازات بالا آورد	بازو برای نجات دراز شده است
نفرین (وای)	برکت
"کار عجیب"	'مژده'
یهودیان	غیریهودیان
آشور ------ (باب‌های ۳۶-۳۹)	------ بابل
قبل از تبعید (اکنون)	پس از تبعید (آینده)

اشعیا بخش ۲

جواهرات اورشلیم

بخش ۱ (۱-۳۹)

۱-۱۰ سرزنش: یهودا
اورشلیم
۱۱-۱۲ جلال آینده
۱۳-۲۳ داوری: دیگر
ملت‌ها
۱۳-۲۳ داوری: سامره
یهودا
۳۵ جلال آینده
۳۶-۳۹ آشور/بابل

خبر بد	خبر خوب
نافرمانی	باقی‌مانده
تنبیه	بازگشت
فاجعه	سلطنت *
دل‌مردگی	شادی

بخش دوم (۴۰-۶۶)

۴۰-۴۸ راحتی
۴۹-۵۷ نجات
۵۸-۶۶ جلال

"ما" { خدا / خادم / روح } *(رنج)

آینده: اورشلیم
ملت‌ها
جهان

اشعیا بخش ۲

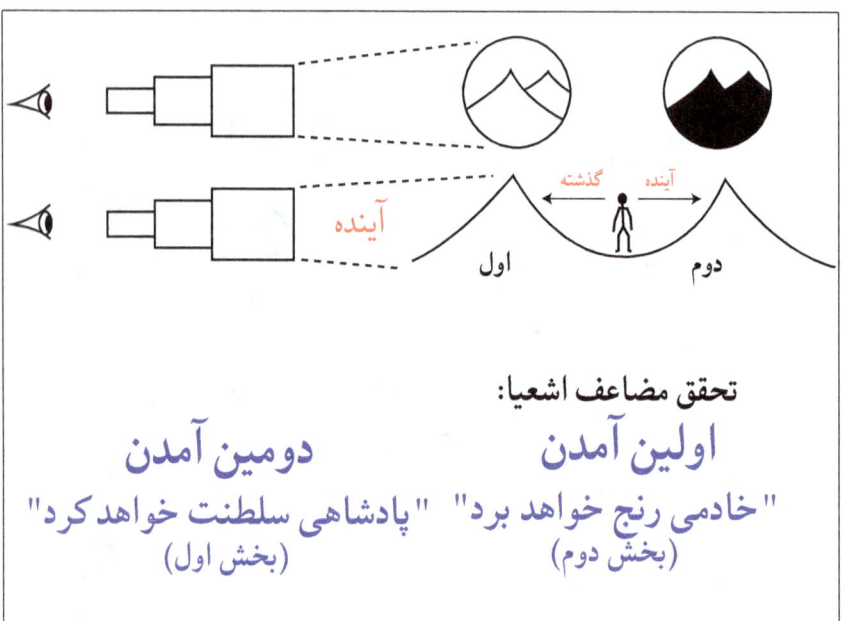

تحقق مضاعف اشعیا:

اولین آمدن

"خادمی رنج خواهد برد"

(بخش دوم)

دومین آمدن

"پادشاهی سلطنت خواهد کرد"

(بخش اول)

ارمیا بخش ۱و۲

ارمیا

۱. لحظه

منسی — تولد
آمون — پسربچگی
یوشیا
یهوآحاز
یهویاکیم
یهویاکین
صدقیا
(یوشیا تا صدقیا:) ارمیا نبوت کرد

۲. مرد

کاهن
نبی
شاعر

۳. روش

صحبت‌کردن
اجرای نقش
نوشتن

۴. پیام

مثل دیگران
الف. مردم مرتد
ب. فاجعهٔ قریب‌الوقوع
ج بازسازی نهایی
د. دشمنان مجازات شدند
برخلاف دیگران
الف. روحانی
ب. انفرادی
ج. سیاسی

۵. بدرفتاری

۶. بدبختی

"نبیِ گریان"
مراثی

ارمیا

طرح کلی

مقدمه (۱)

فراخوان شخصی

الف. ملت گناهکار (۲-۴۵)

۱. مجازات فوری (۲-۲۰)

۶۲۵-۶۰۵ ق.م. عمدتاً شعر

بابل آشور را ویران کرد ـ مصر را شکست داد

۲. بازسازی نهایی (۲۱-۴۵)

۶۰۵-۵۸۵ ق.م. عمدتاً نثر

بابل یهودا را تبعید می‌کند ـ اورشلیم را ویران می‌کند

ب. ملل اطراف (۴۶-۵۱)

مؤخره (۵۲)

فاجعهٔ ملی

مراثی ارمیا

مرثیه‌ها

I فاجعه
"او"
توشیحی - ۲۲ آیه (۱ در هر حرف) ۳ سطر

II علل
"او"
توشیحی - ۲۲ آیه (۱ در هر حرف) ۳ سطر

III درمان
"من"
توشیحی - ۶۶ آیات (۳ در هر حرف) هر کدام ۳ سطر

IV عواقب
"آنها"
توشیحی - ۲۲ آیه (۱ در هر حرف) ۲ خطوط هر کدام

V ناله و زاری
"ما"
غیرتوشیحی - ۲۲ آیه هر کدام ۳ سطر

www.davidpawson.org   آشنایی با کتاب‌مقدس

حزقیال بخش ۱

تاریخ ق.م	پادشاهان	انبیا	حزقیال
	یهودا (۲)		
	یوشیا (۶۴۰-۶۰۹) یهوآحاز (۶۰۹) یهویاقیم (۶۰۹-۵۹۷)	ارمیا (۶۲۷-۵۸۰) حبقوق (۶۰۹) دانیال (۶۰۵-۵۳۰)	تولد (۶۲۳)
۵۹۷		اولین تبعید	اسارت (۵۹۷)
۵۸۹	یهویاکین (۵۹۷) صدقیا (۵۹۷-۵۸۶)		دعوت (۵۹۲) نبوت اول (۵۹۲-۵۸۹)
۵۸۶		محاصرهٔ اورشلیم سقوط اورشلیم نبوکدنصر (۶۰۵-۵۶۲)	داغدیده (۵۸۹) نبوت دوم (۵۸۶-۵۸۵) نبوت سوم (۵۶۷)

نهر خابور (تل آویو)

حزقیال بخش ۲و۳

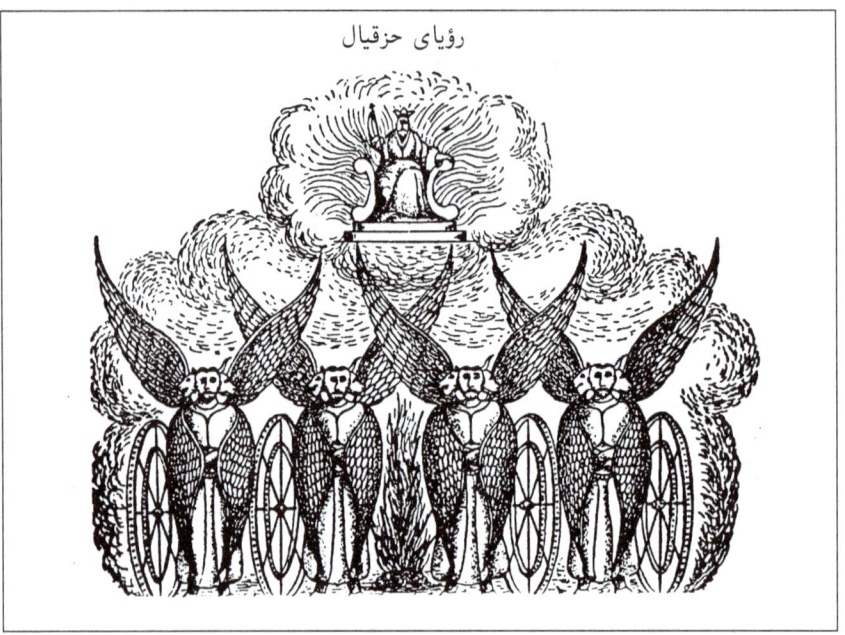

رؤیای حزقیال

باب‌های کتاب	محتوای نبوت	سن حزقیال	سال تبعید	
۳-۱	استقرار مجدد کاهن حزقیال	۳۰	۵	
۲۴-۴	مجازات برای شهر اورشلیم «سپس شما خواهید دانست که من هستم...»	۳۳-۳۰ *	۵ تا ۹	I
	محاصرهٔ اورشلیم (۵۸۹)			
۳۲-۲۵	انتقام از همسایگان یهودا «سپس آنها خواهد دانست که من هستم...»	۳۷-۳۶	۱۱ تا ۱۲	II
	ویرانی اورشلیم (۵۸۷)			
۳۹-۳۳	بازگشت از تبعید بابل «سپس ملت‌ها خواهد دانست که من هستم...»	۳۷	۱۲	
۴۸-۴۰	مرمت معبد در اسرائیل	۵۰	۲۵	III

حزقیال بخش ۳

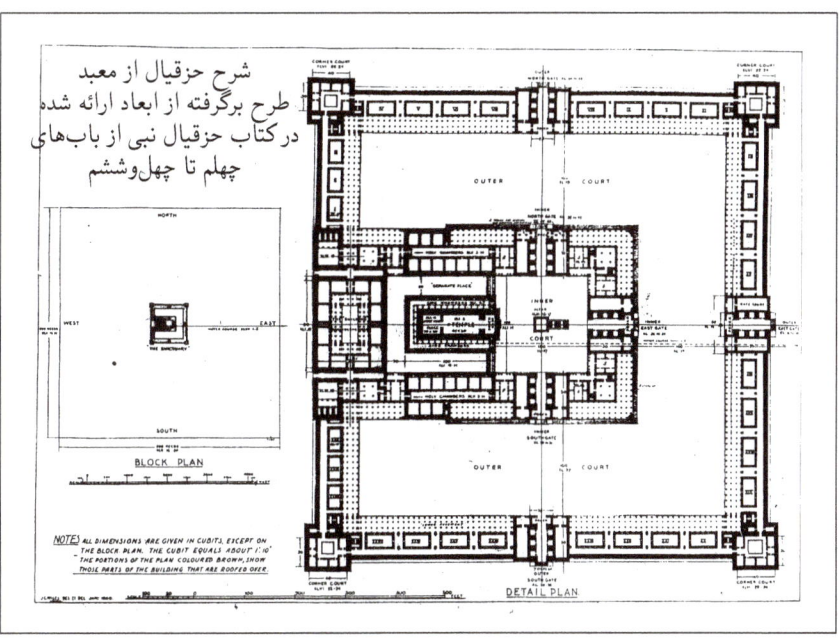

شرح حزقیال از معبد
طرح برگرفته از ابعاد ارائه شده
در کتاب حزقیال نبی از باب‌های
چهلم تا چهل‌وششم

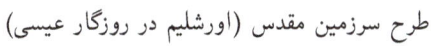

طرح سرزمین مقدس (اورشلیم در روزگار عیسی)

حزقیال بخش ۳

ورودی معبد

طرح و نقشهٔ خدا

دانیال بخش ۱

بابل و بازگشت

اولین تبعید (جوانان) — دانیال — ۶۰۶
اخراج دوم (۱۰/۰۰۰) — حزقیال — ۵۹۷
تبعید سوم (شهر و معبد ویران شد) — استراحت — ۵۸۶

سقوط بابل به دست ایرانیان (۵۳۹) — زروبابل — ۵۳۵
کوروش اجازهٔ بازگشت را می‌دهد (۵۰/۰۰۰) — عزرا — ۴۵۸
بازسازی معبد (۵۱۶)
استر در شوش — نحمیا — ۴۴۵
بازسازی دیوارهای شهر

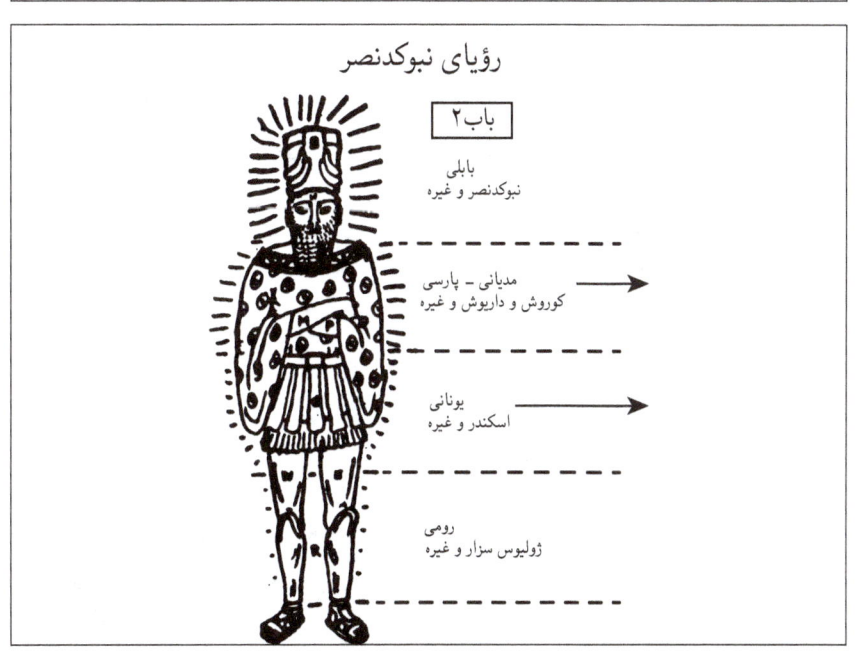

رؤیای نبوکدنصر

باب۲
بابلی
نبوکدنصر و غیره
مدیانی - پارسی
کوروش و داریوش و غیره
یونانی
اسکندر و غیره
رومی
ژولیوس سزار و غیره

دانیال بخش ۱

بابل

دروازهٔ ایشتار

دانیال بخش ۲

رؤیای دانیال دربارهٔ آینده (باب‌های ۷-۱۲)
اما
در مدت زمان متفاوت است
نه
پیوسته
۱۲
۷
دارای همپوشانی
متوالی
۱۲ ۱۱ ۱۰ ۹ ۸ ۷
پوشش دو دوره
هم‌پایان
پ.م.
ق.م.
شروع (همان سال) پایان

رؤیاهای دانیال دربارهٔ آینده
پادشاهی‌های بشری
ق.م.
پادشاهی الهی
پ.م.
بابلی
مدیانی-پارسی
یونانی
اسکندر مقدونی
پادشاهان شمالی و جنوبی
آنتیوخوس اپیفانس
رومی
اولین آمدن
مسح‌شده: پسر انسان
دومین آمدن
ضد مسیح
۲. مجسمهٔ عظیم
۷. حیوان‌ها
۸. قوچ و بز
۹. ۷۰ سال (هفته)
۱۰. شاهزادگان
ایرانی/یونانی
۱۱. پادشاهان
شمالی و جنوبی
۱۲. آخرالزمان

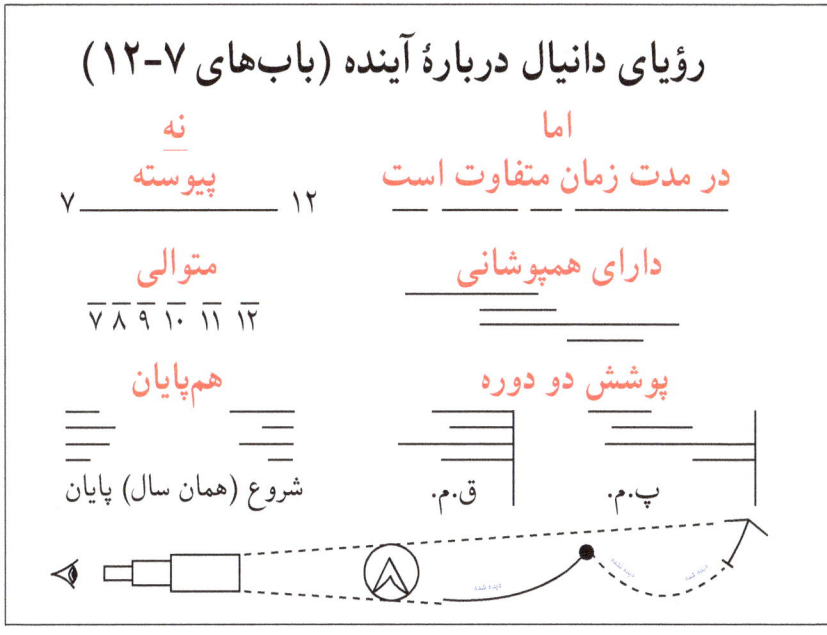

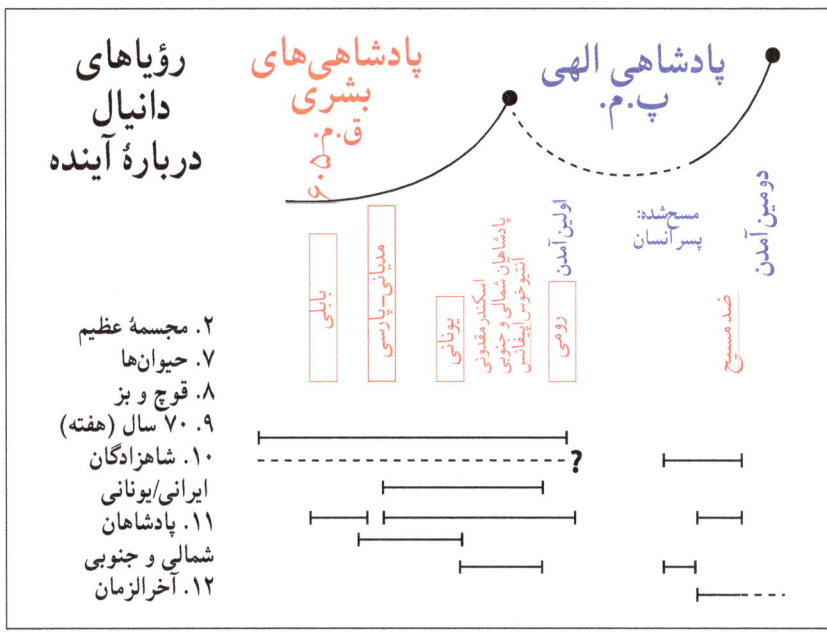

دانیال بخش ۲

باب ۲
باب ۸
بابلی
نبوکدنصر و غیره
مدیانی-پارسی
کوروش و داریوش و غیره
یونانی
اسکندر و غیره
رومی
ژولیوس سزار و غیره
دانیال

امپراتوری پارس
امپراتوری یونان

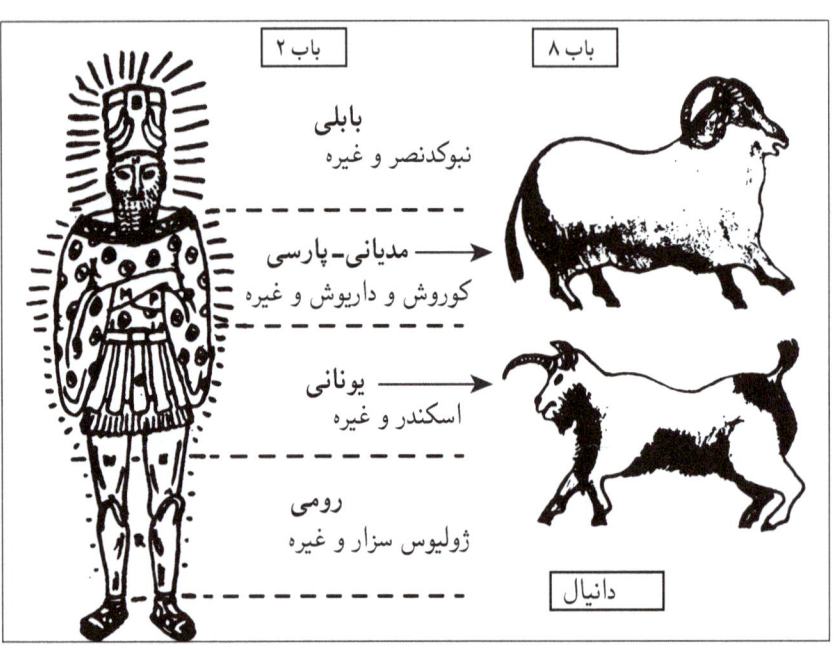

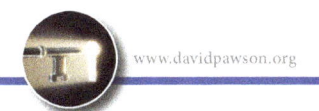

دانیال بخش ۲

آنتیوخوس اپیفانس

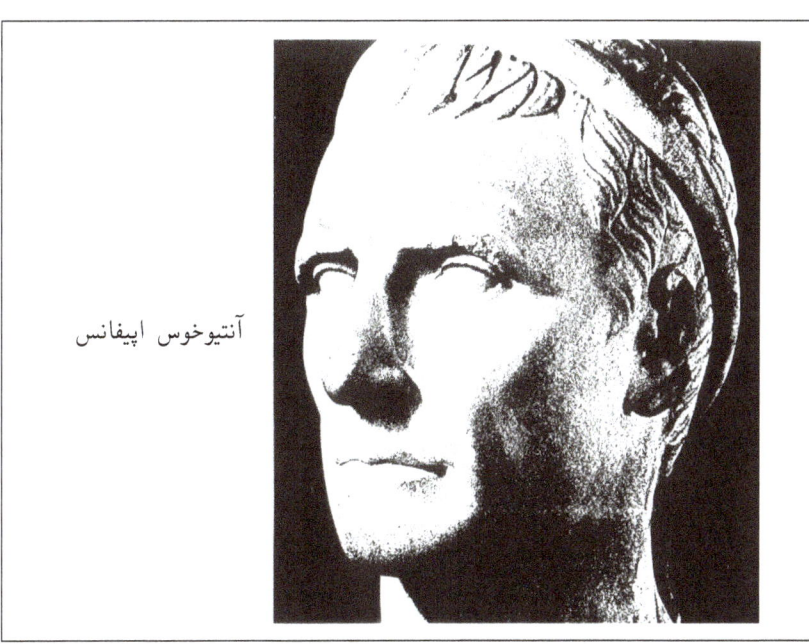

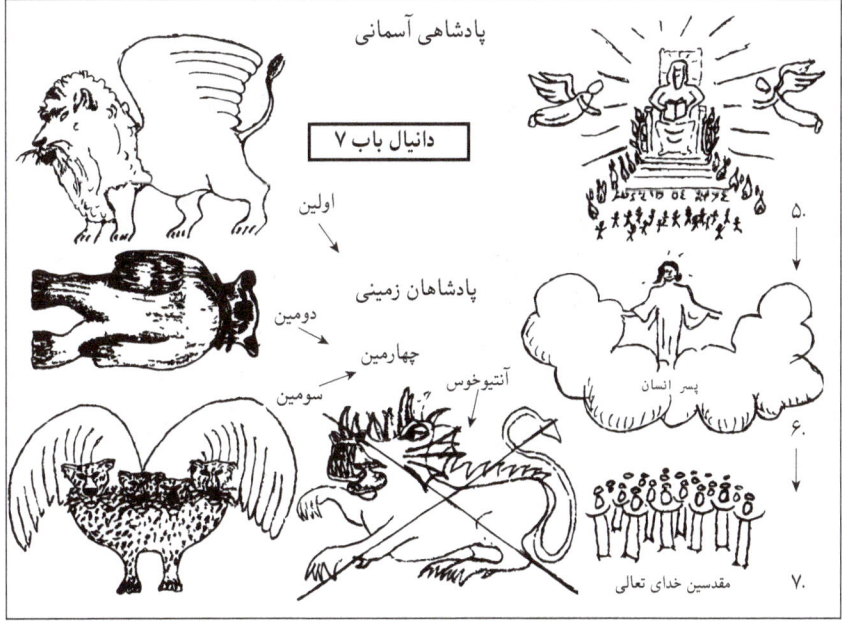

دانیال بخش ۲

بابل مدرن

جشن مدرن

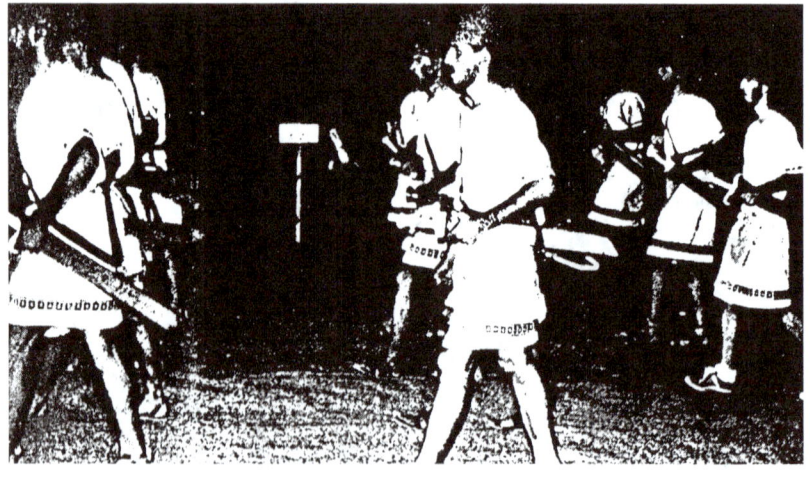

دانیال بخش ۲

دیوارهای جدید بابل

هوشع

هوشع: الف. بی‌وفایی انسان

گناهان:
۱. خیانت
۲. خودمختاری
۳. فتنه
۴*. بت‌پرستی
۵. جهل
۶*. بی‌اخلاقی
۷. ناسپاسی

گناهکاران:
۱. کاهنان
۲. انبیا
۳. شاهزادگان
۴. سودجویان

رنج‌کشیدن
۱. ناباروری
۲. خونریزی
۳. تبعید

ب. وفاداری الهی

۱. خدا نمی‌تواند آنها را عفو کند
۲. خدا نمی‌تواند آنها را ترک کند
۳. خدا نمی‌تواند آنها را ناامید کند

آشنایی با کتاب‌مقدس

عوبدیا و یوئیل

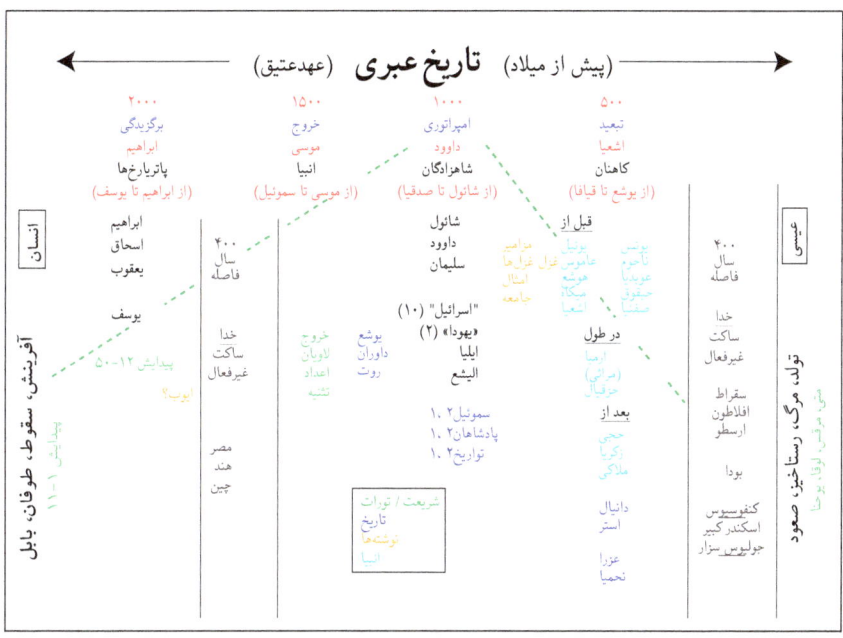

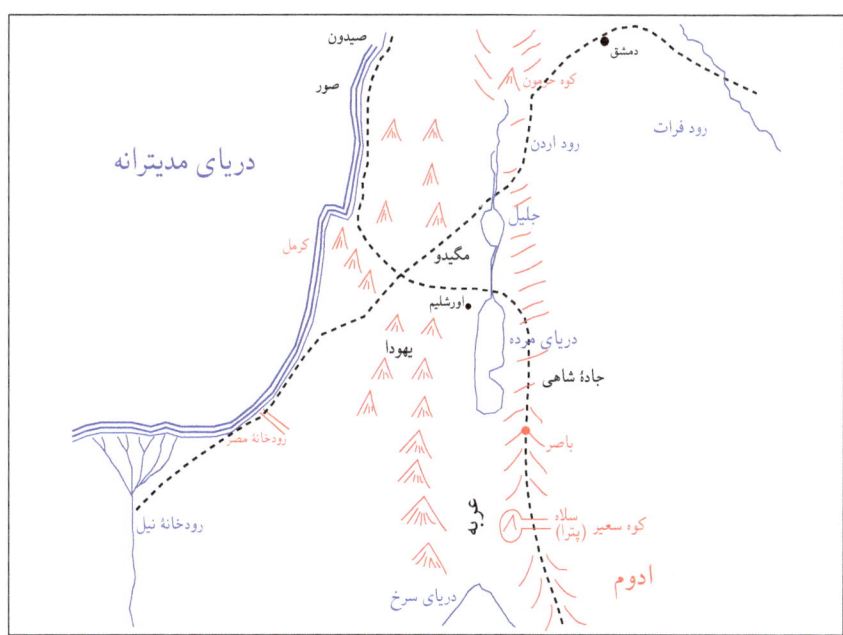

عوبدیا و یوئیل

طرح کلی عوبدیا

الف. داوری‌شدن یک ملت (۱-۱۴)
۱. ملل ادوم را نابود می‌کنند (۱-۹)
۲. ادوم اسرائیل را تحقیر می‌کند (۱۰-۱۴)

ب. داوری‌شدن همهٔ ملت‌ها (۱۵-۲۱)
۱. یهوه ملل را مجازات می‌کند (۱۵-۱۶)
۲. اسرائیل ادوم را تصاحب می‌کند (۱۷-۲۱)

گذرگاه پترا

عوبدیا و یوئیل

معبد پترا

کوه سعیر (ادوم)

عوبدیا و یوئیل

ملخ

طرح کلی یوئیل

الف. بلای ملخ (باب ۱)

۱. ویرانی زمین (۱-۱۲)
۲. توبهٔ مردم (۱۳-۲۰)

ب. روز خداوند (باب ۲)

۱. تکرار وحشتناک (۱-۱۱)
۲. توبهٔ واقعی (۱۲-۱۷)
۳. احیای جاودانی (۱۸-۲۷)
۴. بازسازی کامل (۲۸-۳۲)

الف. روح ~ مردان و زنان (۲۸-۲۹)
ب. نشانه‌ها ~ خورشید و ماه (۳۰-۳۱)
ج. نجات ~ فراخوانده و خوانده‌شده (۳۲)

ج. درهٔ تصمیم (باب ۳)

۱. انتقام از ملل (۱-a۱۶)
۲. تبرئهٔ اسرائیل (b۱۶-۲۱)

عوبدیا و یوئیل

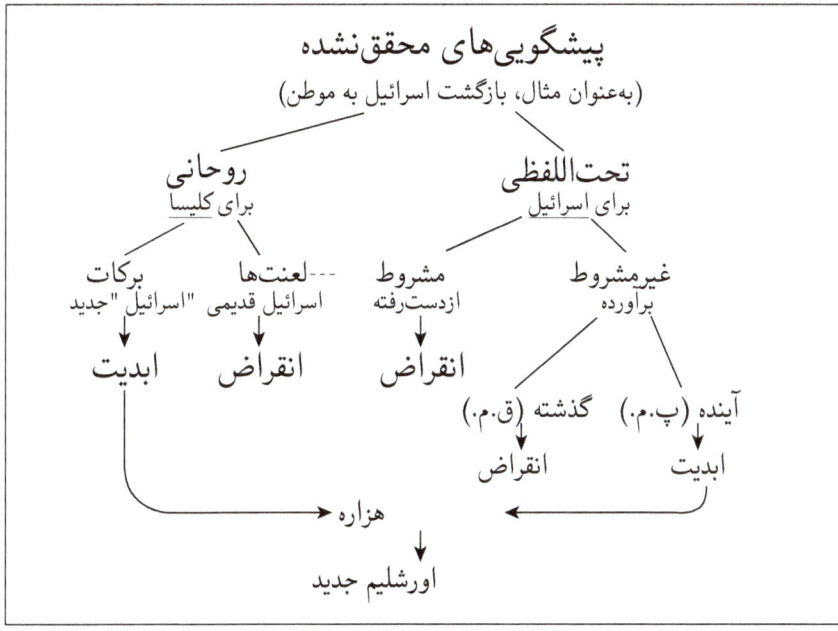

عاموس

«برای سه گناه، حتی برای چهار ...»

۱. رفتار غیرانسانی همسایگان اسرائیل

دمشق ـ ظلم
غزه ـ وحشی‌گری
صور ـ خیانت

۲. بدنامی‌پسرعموهای اسرائیل

اِدوم ـ بی‌رحمی
امون ـ بربریت
موآب ـ توهین به مقدسات

۳. خیانت خواهر اسرائیل

یهودا ـ رد قوانین خدا
پذیرش دروغ بشری

۴. بی‌توجهی فرزندان اسرائیل

اسرائیل ـ استثمار فقرا در میان مردان
تن‌پروری در برابر خدا

رهاییِ پیشین به معنای مجازات آینده است

انبیا

الف. شنیدن از خدا

کلمات - "بار"

تصاویر ـ رؤیا (بیدار)

رؤیاها (خوابیده)

ب. سخن‌گفتن برای خدا

چالش ـ

هنگام کار اشتباه

تسلی ـ

هنگام کار درست

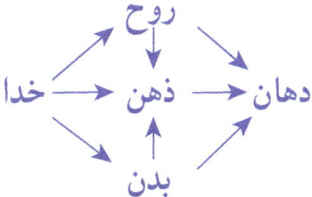

دروغ ـ فقط تسلی

یونس

اسرائیل (پادشاهان شمالی)		آشور	ق.م
		آشور-اوبالیت اول (اولین پادشاه)	۱۳۵۴
آحاب	تهاجم ناموفق ←	شلمناسّر سوم	۸۵۳
یربعام دوم	یونس →		ت.ق. ۷۷۰
فِقَح	نفتالی را گرفت ←	تَغلت‌فَلاسر سوم	۷۳۳
هوشع	(۱۰ قبیله‌شمالی) اسرائیل را گرفت ←	شلمناسّر پنجم	۷۲۱
(پادشاهان جنوبی)	اورشلیم را محاصره کرد ←	سناخریب	۷۰۱
حزقیا	فتح تبس (مصر علیا) ←	آشوربانیپال	۶۶۳
	صفنیا →		ت.ق. ۶۳۰
یوشیا	ناحوم →		ت.ق. ۶۲۰
	(سقوط نینوا)	سین‌شرایسکون	۶۱۲
یهویاکیم	(پایان آشور)	آشوربالت دوم	۶۰۷

معجزات در کتاب یونس

۱. باد ← طوفان
۲. قرعه ← یونس
۳. آرام‌شدن دریا
۴. ماهی می‌بلعد
۵. «ماهی» قی می‌کند
۶. تاک (شب)
۷. "کرم" (ریشه را می‌خورد)
۸. باد سوزان

خدا کنترل‌می‌کند اکنون	خدا خلق‌می‌کند سپس	فلسفه‌ها [جهان‌بینی]
✗	✗	الحاد
✗	✓	دئیسم
✓	✓	خداباوری

علم

کتاب‌مقدس

نینوا

یونس

بقایای نینوا

یافا

یونس

کیکایون
(روغن کرچک یا
گیاه ریسینوس)

میکاه

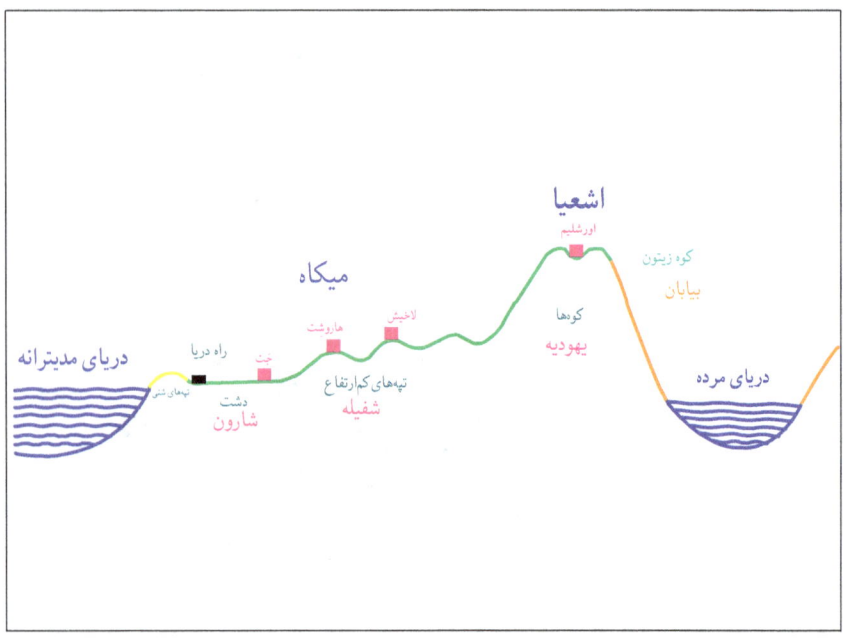

پادشاهان: یوتان: خوب است، اما ۷۵۰-۷۳۱
احاز: بد ۷۳۵-۷۱۵
حزقیا: خیلی خوب ۷۱۵-۶۸۶

پس از مرگ سلیمان، جنگ داخلی
۱۰ قبیلهٔ شمالی «اسرائیل». پایتخت سامره. بسیاری از سلسله‌ها
۲ قبایل جنوبی "یهودا". پایتخت اورشلیم. یک سلسله

گسترش گناه
از شمال به جنوب. از شهر به نواحی آن دیگر

بت‌پرستی ~ اهانت به خدا توسط قوم
بداخلاقی ~ فسق و فجور قوم
بی‌عدالتی ~ آسیب‌رساندن به دیگران

رؤیای میکاه:
قبیله ~ یهودا
ملی ~ "اسرائیل"
جهان‌شمول ~ ملت‌ها

انگیزهٔ میکاه
روح‌القدس ۸۳
روح انسان ۸۱

میکاه

میکاه
طرح کلی

الف. جنایت و مجازات (۱-۳)
مکان‌ها
مردم

ب. صلح و امنیت (۴-۵)
پادشاهی (پس از بابل)
پادشاه (از بیت‌لِحم)

ج. عدالت و رحمت (۶-۷)
دادگاه
عهد

ناحوم

اسرائیل (پادشاهان شمالی)		آشور	ق.م.
		آشور-اوبالیت اول (اولین پادشاه)	۱۳۵۴
آحاب	تهاجم ناموفق ←	شلمناسّر سوم	۸۵۳
یربعام دوم	یونس →		ت.ق. ۷۷۰
فِقح	نفتالی را گرفت ←	تَغلت‌فَلاسر سوم	۷۳۳
هوشع	(۱۰ قبیله‌شمالی) اسرائیل را گرفت ←	شلمناسّر پنجم	۷۲۱
(پادشاهان جنوبی)	اورشلیم را محاصره کرد ←	سناخریب	۷۰۱
حزقیا	فتح تبس (مصر علیا) ←	آشوربانیپال	۶۶۳
	صفنیا →		ت.ق. ۶۳۰
یوشیا	ناحوم →		ت.ق. ۶۲۰
	(سقوط نینوا)	سین‌شرایسکون	۶۱۲
یهویاکیم	(پایان آشور)	آشوربالت دوم	۶۰۷

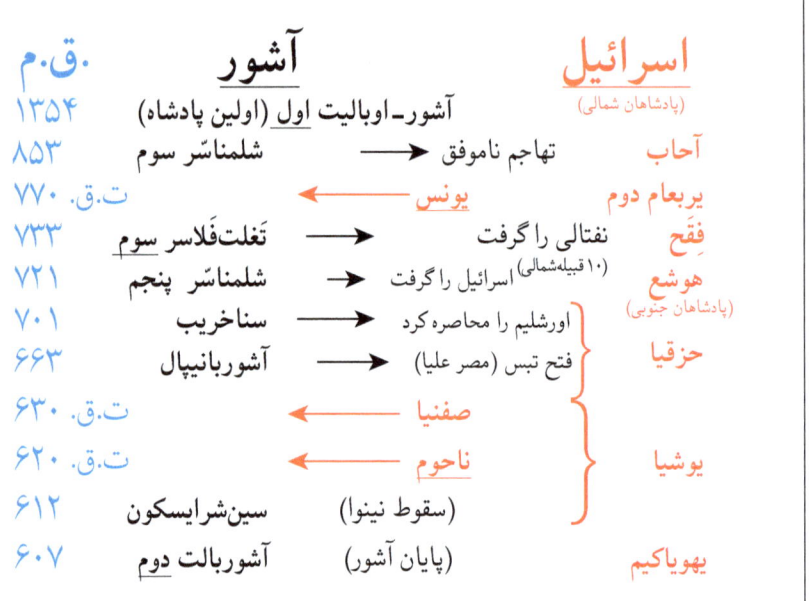

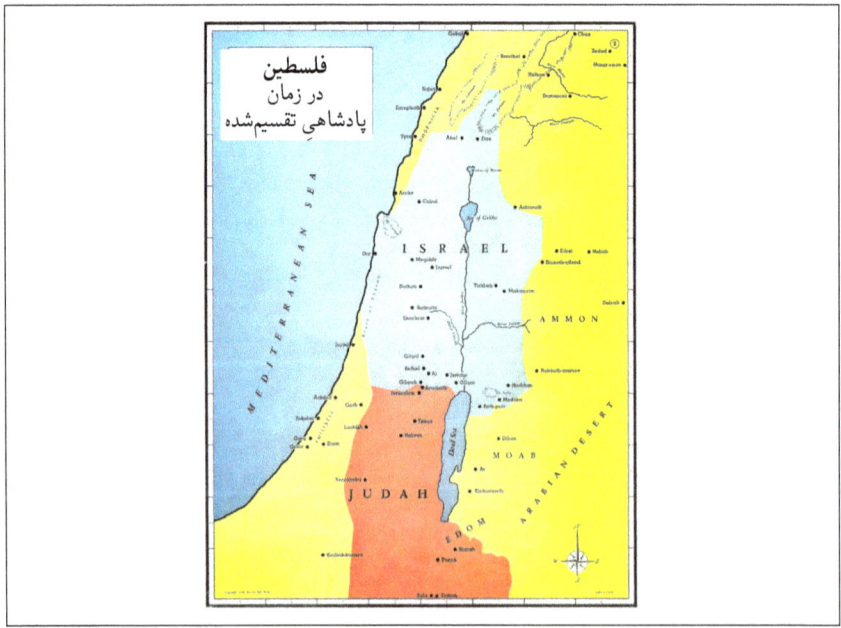

ناحوم

ناحوم - سقوط نینوا

۱. اعلام   چه کسی؟   مداخله
الف. فاجعه برای دشمنان او
ب. رهایی برای دوستانش

۲. شرح   چگونه؟   تهاجم
الف. روز غارت
ب. لانهٔ شیرها

۳. توضیح   چرا؟   رفتار غیرانسانی
الف. فتح با زور
ب. فساد مالی

نینوا

ناحوم

بقایای نینوا

انبیا مکاشفه‌کنندهٔ **خدا**

یهوه
"من هستم"
همیشه

۱. فعالیت او – قدرتمند
  طبیعت: معجزه
  تاریخچه: جنبش‌ها

۲. یکپارچگی او – قابل‌پیش‌بینی
  عدالت: مجازات
  رحمت: بخشش

۳. انعطاف‌پذیری او – شخصی
  انسان: توبه می‌کند
  خدا: عفو می‌کند

حبقوق

باب ۳	باب‌های ۱-۲
استراحت در خداوند	کشتی‌گرفتن با خدا
شاد	بدبخت
سرود خواندن	فریاد زدن
ستایش	دعا
صبور	بی‌حوصله
طلب رحمت می‌کند	عدالت می‌خواهد
در اوج!	افسرده!

حبقوق

نبی (۱[۱])

الف. دعای شکوه‌ای (۱[۲]–۲[۲۰])

۱. خدا به‌ندرت عمل می‌کند (۱[۲-۱۱])

پرسش: چرا شریران رنج نمی‌برند؟
پاسخ: شریران رنج خواهند برد ~ بابلی‌ها!

۲. خدا بیش از حد عمل می‌کند (۱[۱۲]–۲[۲۰])

پرسش: چرا برای مجازات بد، از بدتر استفاده کنیم؟
چرا خوبان رنج می‌برند؟
پاسخ: خوبان زنده می‌مانند!
بدان رنج خواهند برد!

ب. سرود ستایش (۳[۱-۱۹])

۱. از اعمال پیشین خدا می‌لرزد (۱–۱۶)
۲. اعتماد به حفاظت آتیِ خدا (۱۷–۱۹)

صفنیا

صفنیا

پیام‌رسان (۱^{۱})

الف. مذهب بیگانه (۱$^{۴-۳۲}$)

۱. غرب ~ فلسطین (۴-۷)
۲. شرق ~ موآب، امون (۸-۱۱)
۳. جنوب ~ مصر، اتیوپی (۱۲)
۴. شمال ~ آشور (۱۳-۱۵)

پیام (۱$^{۲-۳}$)

ب. منطقهٔ محکوم (۲$^{۴-۱۵}$)

داوری

۱. شایسته (۴-۶)
۲. اعلام‌شد (۷-۹)
۳. توصیف‌شده (۱۰-۱۷)
۴. بازداشته‌شده (۱-۳)

ج. رهایی در آینده (۳$^{۱۳-۲۰}$)

۱. نفرین ~ عدالت الهی (۱-۸)
الف. نافرمانی ملی (۱-۷)
i. شورش (۱-۴) ii. مقاومت (۵-۷)
ب. محوشدن از عرصهٔ بین‌المللی (۸)
۲. برکت ~ رحمت الهی (۹-۲۰)
الف. خداپرستی بین‌المللی (۹)
ب. شادی ملی (۱۰-۲۰)
i. شادی (۱۰-۱۷) ii. بازگشت (۱۸-۲۰)

	صفنیا	مکاشفه
داوری بر قوم خدا	۱^{۱}-۲^{۳}	۱-۳
داوری بر ملت‌ها	۲$^{۴-۱۵}$	۴-۱۹
روز داوری	۳$^{۱-۸}$	۲۰
سعادت نهایی	۳$^{۹-۲۰}$	۲۱-۲۲
	(اورشلیم قدیم)	(اورشلیم جدید)
	خدا به‌عنوان پادشاه می‌آید	عیسی دوباره به‌عنوان پادشاه می‌آید

حجی

۱. قوم افسرده ($۱^{۱}$-۱۱) ۲/۶/۱

خانه‌های شما ~ تزئین شده است
خانه من ~ ویران شده است

۲. یک قوم مصمم ($۱^{۱۲-۱۵}$) ۲/۶/۲۴

از خداوند می‌ترسید
از خداوند اطاعت کرد

۳. یک قوم ناامید ($۲^{۱-۹}$) ۲/۷/۲۱

خانهٔ سابق ~ باشکوه
خانهٔ آخر ~ بزرگتر

۴. یک قوم آلوده ($۲^{۱۰-۱۹}$) ۲/۹/۲۴ ۵. تعیین یک شاهزاده ($۲^{۲۰-۲۳}$) ۲/۹/۲۴

پاک‌کردن باعث زدودن آلودگی نمی‌شود
آلودگی، تمیز را کثیف می‌کند

واژگون‌شدن تاج و تخت‌های دیگر
اشغال‌شدن این تاج و تخت

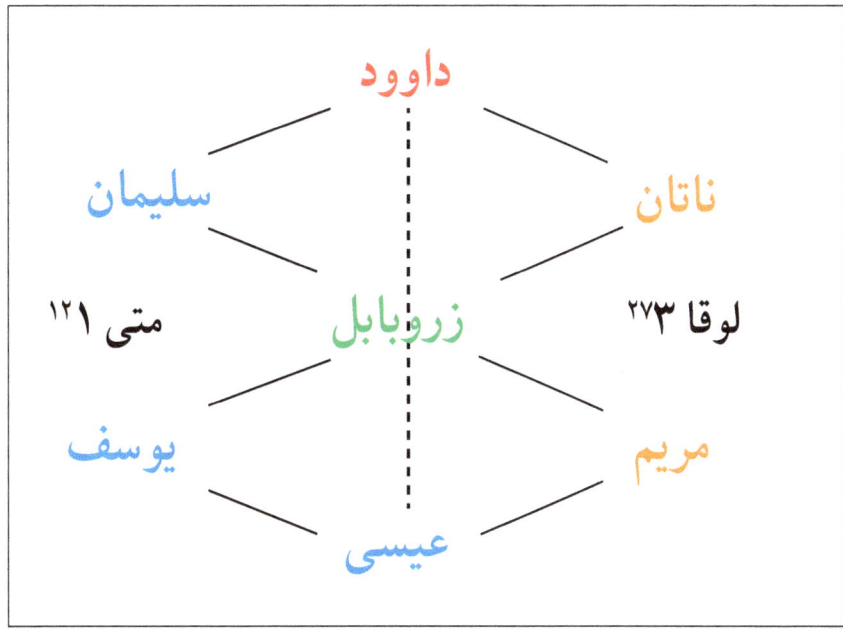

زکریا بخش ۱و۲

زکریا

الف مشکلات حاضر (۱-۸)

① سرزنش و شورش (۱$^{۱-۶}$) ۲/۸/؟

الف. پیشینیان خطاکار ب. انبیای پیشین

② تشویق و بر تخت سلطنت نشستن (۱^{۷}-۶^{۱۵}) ۲/۱۱/۲۴

الف. تصاویر رمزآلود (۱^{۷}-۶^{۸})

معبد
- i. چهار اسب در میان درختان مُورد
- ii. چهار شاخ و آهنگران

شهر
- iii. مردی با خط اندازه‌گیری

رهبران
- iv. تعویض لباس یوشع
- v. چراغدان طلایی و دو درخت زیتون

قوم
- vi. طومار در حال پرواز
- vii. زن در سبد اندازه‌گیری
- viii. چهار ارابه

ب. تاج‌گذاری کاهن (۶$^{۹-۱۵}$)

③ روزه و ضیافت (۷^{۱}-۸^{۲۳}) ۴/۹/۴

الف. خاطرهٔ غم‌انگیز (۷$^{۱-۱۴}$)

ب. شادی و خوشحالی (۸$^{۱-۲۳}$)

ب. پیش‌بینی‌های آینده (۹-۱۴)

زکریا

الف مشکلات حاضر (۱-۸) ب. پیش‌بینی‌های آینده (۹-۱۴)

① بازسازی ملی (۹-۱۱) (هرچه زودتر)

الف. دشمنان مغلوب (۹$^{۱-۸}$)
ب. پادشاه صلح‌جو (۹$^{۹-۱۰}$)
ج. خدای توانا (۹^{۱۱}-۱۰^{۷})
د. قوم گردآمده (۱۰$^{۸-۱۲}$)
ه. همسایه‌های بی‌جنگل (۱۱$^{۱-۳}$)
و. شبانان بی‌ارزش (۱۱$^{۴-۱۷}$)

② پیامدهای بین‌المللی (۱۲-۱۴) (هرچه دیرتر)

الف. ارتش متجاوز (۱۲$^{۱-۹}$)
ب. ساکنان غمگین (۱۲$^{۱۰-۱۴}$)
ج. انبیای تبعیدشده (۱۳$^{۱-۶}$)
د. کاهش جمعیت (۱۳$^{۷-۹}$)
ه. مهاجمان بلازده (۱۴$^{۱-۱۵}$)
و. عبادت جهان‌شمول (۱۴$^{۱۶-۲۵}$)

ملاکی بخش ۱ و۲

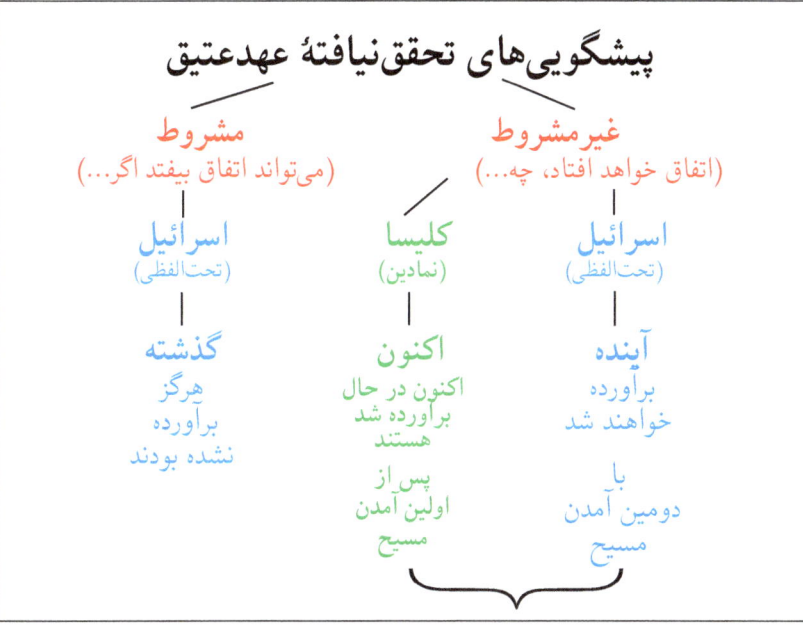

ملاکی - طرح کلی

الف. بقای گذشته (۱:۱-۵)

۱. یعقوب - اسرائیل - مورد محبت
۲. عیسو - ادوم - منفور

ب. گناهان حاضر (۱:۶-۳:۱۵)

۱. کاهنان (۱:۶-۲:۹)

الف. قربانی‌های بی‌ارزش
ب. وعظ‌های محبوب

۲. مردم (۲:۱۰-۳:۱۵)

الف. ازدواج‌های مختلط
ب. طلاق‌های بی‌رحمانه
ج. سؤال مشکوک
د. ده‌یک‌های پرداخت‌نشده
ه. صحبت‌های تهمت‌آمیز

ج. جدایی آینده (۳:۱۶-۴:۶)

۱. انتخاب درست (۳:۱۶-۴:۳)

الف. عادل/پارسا
شفا در آفتاب
ب. شرور
سوختن در آتش

۲. آخرین فرصت (۴:۴-۶)

الف. موسی
آورندهٔ شریعت
ب. ایلیا
پیشرو

عهد جدید

متی بخش ۱

چهار انجیل

مرقس ـ پسر انسان
متی ـ پادشاه یهودیان
لوقا ـ نجات‌دهندهٔ جهان
یوحنا ـ پسر خدا

سه مرحله

۱. عیسی چه کرد (مرقس) (مرقس)
۲. آنچه عیسی گفت (متی، لوقا) (متی، لوقا)
عیسی که بود (یوحنا) (یوحنا)

دو چشم‌انداز

۱. نویسنده ـ بینش
چگونه؟ چه؟
۲. خواننده ـ قصد
چرا؟ چه کسی؟

مرقس

الف. بناکردن

i. ۳۰ ماه در شمال (جلیل)
ii. ۶ ماه در جنوب (یهودا)

ب. آهسته‌شدن

سال‌ها، ماه‌ها، هفته‌ها، روزها، ساعت‌ها

متی

(با استفاده از مرقس)

الف. طول کتاب

افزوده‌ها (مثلاً تولد)
تغییرات
حذفیات

ب. گفتار

سخنان ـ موعظه

ج. ساختار

متناوب (۵×)	کلمات اعمال

متی بخش ۱و۲

ب. مسیحی ("کلیسا")

غیریهودیان
شاگردان

راهنمای شاگردی

الف. یهودی (اسرائیل)

نقل‌قول‌ها } عهدعتیق
کنایه‌ها
عهدعتیق
توضیحات
تألیفات (×۵ = "شریعت" مسیح)

پادشاهی آسمان (= خدا)

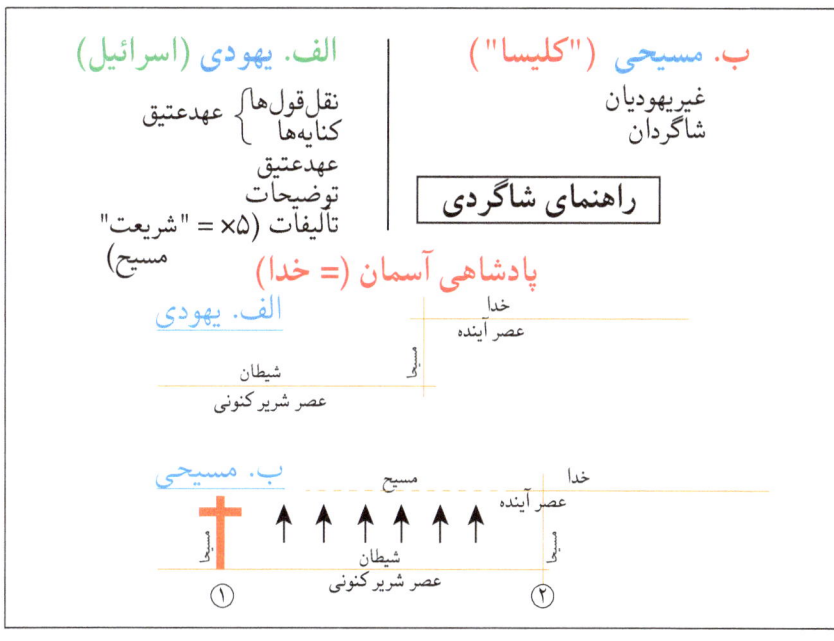

موضوعات پادشاهی

۵-۷ سبک زندگی (موعظهٔ بالای کوه)
۹-۱۰ ماموریت
۱۳ رشد
۱۸ جامعهٔ ایمان
۲۴-۲۵ آینده

پسران پدر (×۴۴)

موضوعات خاص:

ایمان (باورداشتن)
عدالت (انجام‌دادن)
قضاوت (جهنم)

مرقس

چهار انجیل

مرقس - پسر انسان
متی - پادشاه یهودیان
لوقا - نجات‌دهندهٔ جهان
یوحنا - پسر خدا

سه مرحله

۱. عیسی چه کرد (مرقس) (مرقس)
۲. آنچه عیسی گفت (متی، لوقا) (متی، لوقا)
عیسی که بود (یوحنا) (یوحنا)

دو چشم‌انداز

۱. نویسنده - بینش
چگونه؟ چه؟
۲. خواننده - قصد
چرا؟ چه کسی؟

چهار انجیل

نویسندگان: الف. توسعهٔ دیدگاه
کاری که او انجام داد (مرقس)
آنچه او گفت (لوقا، متی)
او که بود (یوحنا)

ب. بینش متفاوت
پادشاه یهودیان (متی)
پسر انسان (مرقس)
منجی جهان (لوقا)
پسر خدا (یوحنا)

خوانندگان: الف. مؤمنان
متی (جوان)
یوحنا (بالغ)

ب. بی‌ایمانان
مرقس
لوقا

۱۱۸

آشنایی با کتاب‌مقدس

مرقس

جتسیمانی | قیصریهٔ فیلیپی

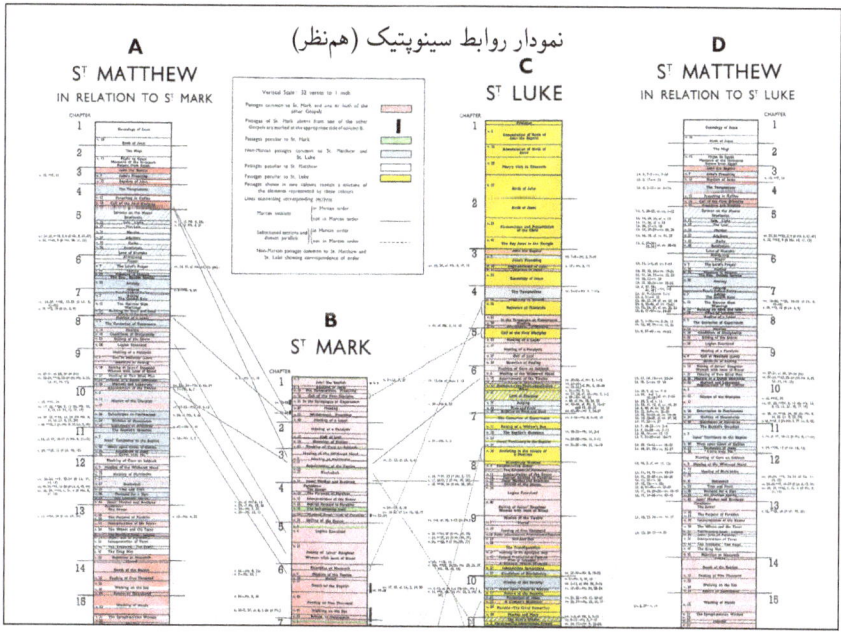

نمودار روابط سینوپتیک (هم‌نظر)

نسخهٔ بزرگتر در دسترس از طریق وب‌سایت: www.davidpawson.com/synopticrelationshipdiagram

© David Pawson 2024

مرقس

۲ سال‌ونیم
۶ ماه
۱ هفته
حرمون
قیصریهٔ فیلیپی
بیریه
جلجتا
جلیل
اردن
جلیل
۱-۹
استقبال۱^۴۱-۳^۱۲
مخالفت ۳^۱۳-۷^۲۳
تمرکز ۷^۲۴-۹^۵۰
بیریه
۱۰
انتقال
یهودیه
۱۱-۱۶
مصلوب‌شدن
رستاخیز

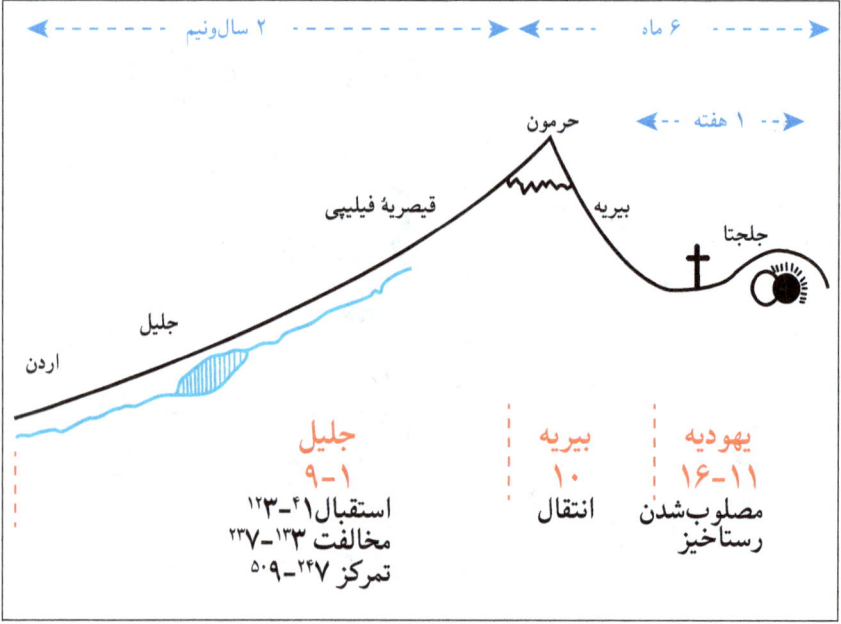

جادهٔ عموئاس

مسافرخانهٔ سامریه

پسر گمشده؟ (۱۵ ۱۱-۲۳)
پدر پسر گمشده! (۱۵-۱۶)

(با دو پسر گمشده)

۱۶ ۱-۳۱	۱۵ ۱۱-۳۲	۱۵ ۳-۱۰	۱۵ ۱-۲
سرکش (۱-۹)	پسر کوچکتر (۱۳-۲۳) "هدر داده"	گوسفند گمشده (۳-۷) خیلی دور گمشده آن را می‌دانست	خراجگیران گناهکاران (۱) غذا خوردن در داخل
مرد ثروتمند (۱۵-۳۱) "عادل/پارسا"	پسر بزرگتر (۲۴-۳۲) "عادل/پارسا"	سکهٔ گمشده (۸-۱۰) در خانه گم شده است آن را نمی‌دانست	فریسیان کاتبان (۲) زمزمه در بیرون

"پدر" کیست؟
داستان دربارهٔ کدام «پسر» است؟
چگونه تمام می‌شود؟

لوقا

نسخهٔ بزرگتر در دسترس از طریق وب‌سایت: www.davidpawson.com/synopticrelationshipdiagram

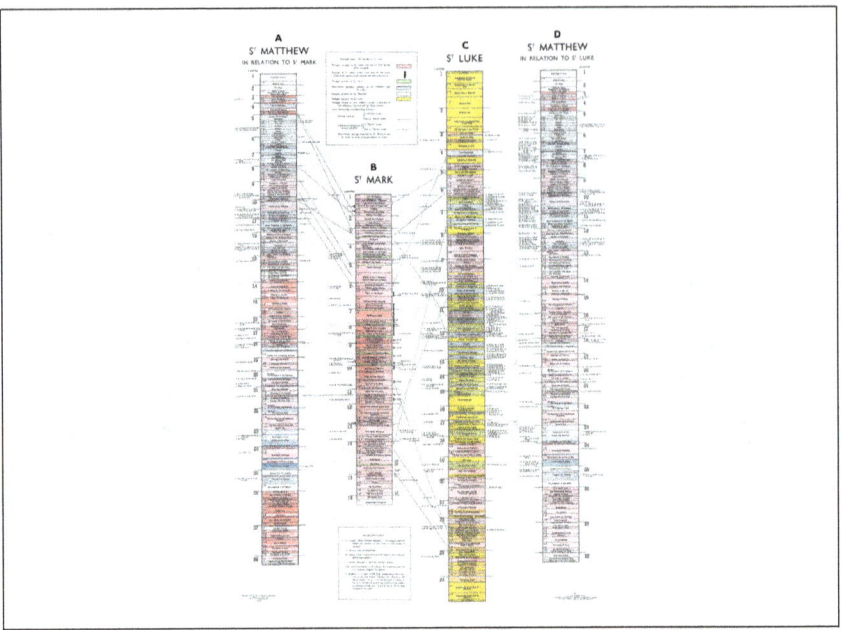

ابعاد فوق‌طبیعی	مردم مورد نظر	مطالب منحصربه‌فرد
فرشته‌ها	سامری‌ها	تولد
دعا	یهودیان	کودکی
روح‌القدس	غیریهودیان	تبارشناسی
عبادت	زنان	تعلیم
آینده	"فقیر"	مَثَل
	"گناهکاران"	وقایع
		صعود

یوحنا بخش ۱ و ۲

یوحنا — "در تقابل با "اناجیل هم‌نظر-

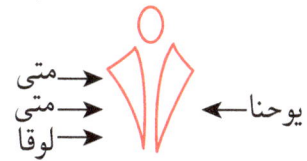

۱. حذفیات
۲. اضافات
۳. تأکید
۴. سبک
۵. چشم‌انداز

اناجیل هم‌نظر - زمان (افقی) عبری
حال: "عصر" آینده
یوحنا - فضا (عمودی) یونانی
زیر: بالا "جهان"

الف. شخصی (که آن را نوشته است)
شاگردی که دوست داشت
رسولی که زندگی کرد
ب. هدفی (که برای آن نوشته است)
پایان - زندگی (داشتن) اسم
به معنی - باورکردن (انجام‌دادن) فعل

باورکردن (۹۸بار)

۱. **اعتبار** - باور کردن آن
پذیرش حقیقت (سخنان و کارها)
۲. **اعتمادبه‌نفْس** - باور داشتن
انجام حقیقت (اعتماد و اطاعت)
۳. **تداوم** - پایداری در ایمان
حفظ حقیقت (ایمان و وفاداری)

حقیقت یک گزاره نیست
بلکه یک شخص است
الف. دیدگاهی متعالی در یوحنا
ب. دیدگاهی بسیار پایین از عیسی
الاهی‌تر از انسان؟
انسانی‌تر از خدا؟
بخشی انسانی، بخشی الهی؟
به‌طور کامل انسان، به‌طور کامل الهی!

۱۲۳

یوحنا بخش ۲

حقیقت در مورد عیسی
حقیقت است.

انسانیت کامل او
الوهیت کامل او

هفت بیان		هفت آیت	هفت شاهد
نان آسمانی	"من هستم"	آب به شراب تبدیل می‌شود	یوحنا ب.
نور جهان		پسر نجیب‌زاده	نتنائیل
شبان نیکو		مرد فلج در بیت‌صیدا	عیسی
در آغل		خوراک‌دادن به پنج هزار نفر	پطرس
رستاخیز و زندگی		راه‌رفتن روی دریا	مارتا
راه، حقیقت، زندگی		مرد کور	توماس
تاک واقعی		ایلعاذر	یوحنا

جلال - پسر یگانه
پدر
لوگوس - کلام
دلیل اینکه چرا!
الف. ابدیت او
ب. شخصیت او
ج. الوهیت او
د. انسانیت او

حیات
زندگی / مرگ
روشنایی / تاریکی
حقیقت / دروغ
آزادی / اسارت
محبت / خشم
شناختن پدر
شناختن پسر

یوحنا بخش ۲

روح‌القدس

باب ۱	تعمید با تعمید "در"
باب ۳	تولد تازه متولد "از"
باب ۴	آب زنده عبادت واقعی
باب ۷	عید خیمه‌ها چشمه‌های آب
باب‌های ۱۴-۱۶	پارکلیت ـ فراخوانده‌شده برای ایستادن در کنار تشویق‌کردن، ایستادن در کنار روح حقیقت تسلی‌دهندهٔ "دیگر".
باب ۲۰	آیت: دمید فرمان: دریافت کنید!

اعمال بخش ۱و۲

لوقا ـ دکتر ـ غیریهودی ـ مسافر
نویسنده ـ مبشر

تئوفیلوس ـ نماینده؟
(شخصی خداپسند) فردی خاص؟

الف. تاریخی

۱. دو بخش: پطرس به یهودیان (۱-۱۲)
پولس به غیریهودیان (۱۳-۲۸)

۲. سه بخش: اورشلیم (۱-۷)
یهودیه و سامره (۸-۱۰)
اقصای جهان (۱۱-۲۸)

۳. پنج یهودیان ـ اورشلیم ۷:۶
یونانیان و سامریان ۳۱:۹
غیریهودیان ـ انطاکیه ۲۴:۱۲
آسیا ۵:۱۶
اروپا ۲۰:۱۹

ب. وجودی

۱. پیوند ـ بین اناجیل و نامه‌ها
پولس
تعمید در آب
تعمید در روح
شریعت موسی
کلیسا

۲. الگو ـ راهنمای مأموریت بشارتی
بد و همچنین خوب
غیرطبیعی و همچنین عادی
فرستادن رسولان
رسیدن به شهرها
موعظهٔ انجیل
شاگردسازی
تأسیس کلیساها
انتصاب مشایخ ـ ادامه!

اعمال بخش ۲

رولاند آلن
(۲۹ دسامبر ۱۸۶۸ -
۹ ژوئن ۱۹۴۷)

ج. تثلیثی

عنوان: عنوان: "اعمال" رسولان؟
عیسی؟
روح‌القدس؟
خدا!

مطالب: مطالب: پادشاهی خدا (پدر)
نام عیسی (پسر)
قدرت روح‌القدس

رومیان بخش ۱

نویسنده - پولس
بیانیه
استدلال

نویسندگان و خوانندگان - پولس و رومیان
پایتخت امپراتوری
دروازهٔ مغرب‌زمین

خوانندگان - رُم
بیرونی - شهر (سیاسی و اجتماعی)
داخلی - کلیسا
(i) یهودی (ii) غیریهودی (iii) غیریهودی و یهودی

رومیان بخش ۲

کلمات کلیدی:
خدا (۱۵۳ بار)
شریعت (۷۲ بار)
مسیح (۶۵ بار)
گناه (۴۸ بار)
خداوند (۴۳ بار)
ایمان (۴۰ بار)

مفاهیم کلیدی: عدالت/پارسایی
v. غیریهودیان ناپارسا
v. پارسایی یهودی
۱. محسوب‌شده ـ عدالت (کیفر گناه)
۲. اعطاشده ـ تقدیس (قدرت گناه)
۳. کامل‌شده ـ جلال‌یافتن (حضور گناه)

نجات

طرح کلی: ایمان (۱-۴) امید (۵-۱۱) محبت (۱۲-۱۶)

پیام او (خدا، پسر، روح) ۱.
سلام جمعی ۱.

۱ گزارش پولس از انجیل او (۱-۸)
الف. عدالت آشکارشده در خشم خدا ۱-۳
ب. عدالت به‌واسطهٔ مرگ مسیح ۳-۵
ج. عدالت به‌دست‌آمده به‌واسطهٔ حیات روح‌القدس ۶-۸

۲ رنج پولس به‌خاطر قومش (۹-۱۱) ۹
الف. تقلیل اسرائیل کهن به باقی‌ماندگان ۱۰
ب. اسرائیل کنونی و مقاومت در برابر انجیل ۱۱
ج. آیندهٔ اسرائیل و تحقق عهد ۱۲

۳ استدعای پولس از خوانندگانش (۱۲-۱۶) ۱۳
الف. تحمل شخصی آنها در خدمت و رنج ۱۴-۱۵
ب. رفتار عمومی آنها در قبال دولت و جامعه ۱۵
ج. برادری واقعی آنها در ملاحظه و سرودها ۱۶
روش او (کلام، کردار و نشانه)
سلام‌های فردی

آشنایی با کتاب‌مقدس

۱ و ۲ قرنتیان بخش ۱

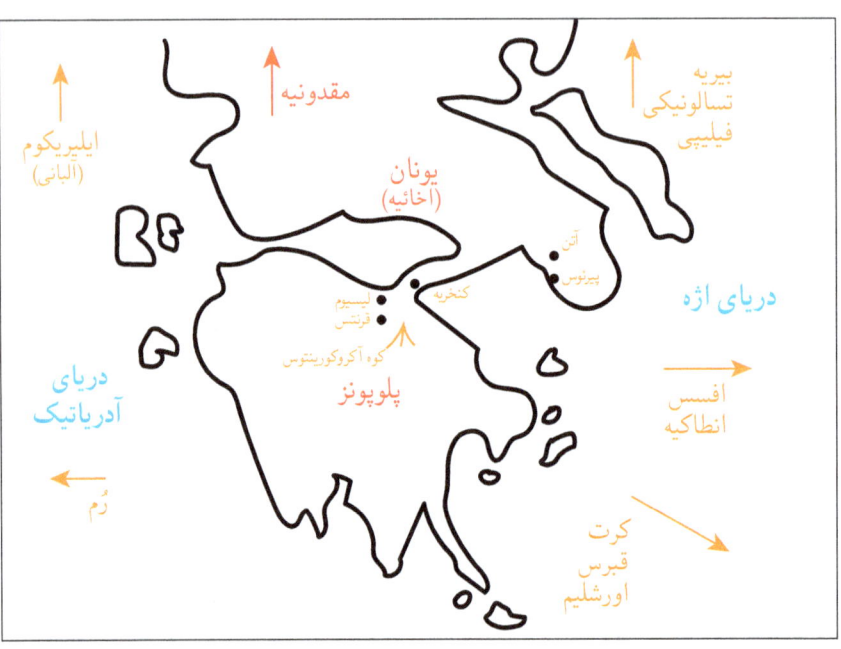

کانال   قرنتس

۱و۲قرنتیان بخش ۱و۲

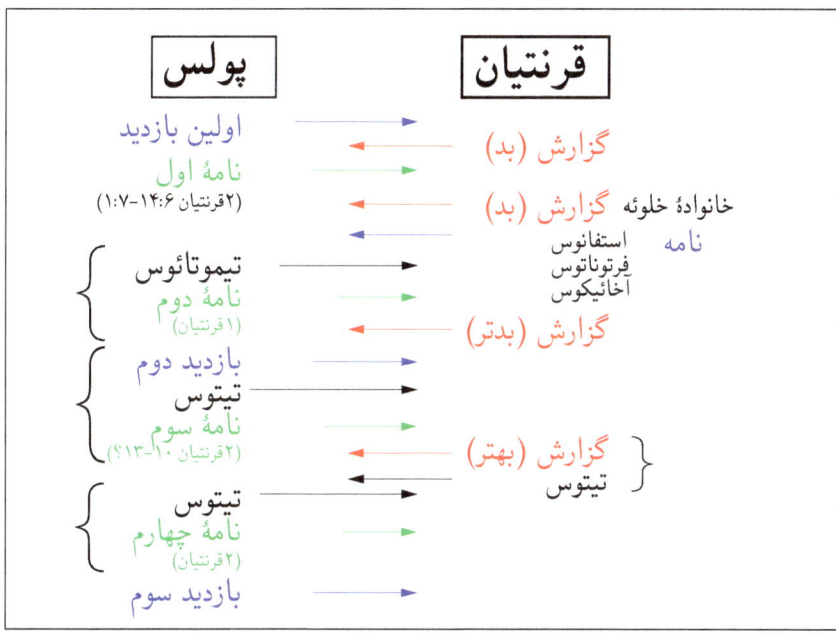

۱. قرنتیان

فراموش‌کردن صلیب

گزارش‌ها   درخواست‌ها

جدایی

بی‌اخلاقی

دعوی قضایی

ازدواج/طلاق

بت‌پرستی

مردان/زنان   گوشت

شام خداوند

هدایای روحانی

شک‌کردن به رستاخیز

کمک به قحطی‌زدگان

۱ و ۲ قرنتیان بخش ۲

محبت

دوست‌داشتن	دوست‌داشتن	شهوت‌رانی
محبت آگاپه	محبت برادرانه	عشق شهوانی
		آرزو/اشتیاق شدید
توجه	عاطفه	جاذبه
اراده	ذهن	بدن
ارادی	روشنفکر	عاطفی
مستقل	وابسته به هم	وابسته

ازدواج

فداکارانه	اجتماعی	جنسی

۲. قرنتیان

۱-۷ دفاع پولس از خود
درخواست متواضعانه
اخلاص

۸-۹ کمک به قحطی‌زدگان

۱۰-۱۳ حمله به دیگران
اتهام سخت
طعنه

غلاطیان بخش ۱ و۲

نویسنده: پولس (رسول)

خوانندگان: کلیساها در غلاطیه (شمال یا جنوب؟)

مناسبت: ۱. افزوده‌ها به پیام
۲. حملات به فرستادگان

موضوع: الف. ختنه؟
ب. یهود؟
ج. نجات!

i. فقط اعمال
ii. اعمال به‌علاوهٔ ایمان
iii. ایمان به‌علاوهٔ اعمال
iv. ایمان به تنهایی

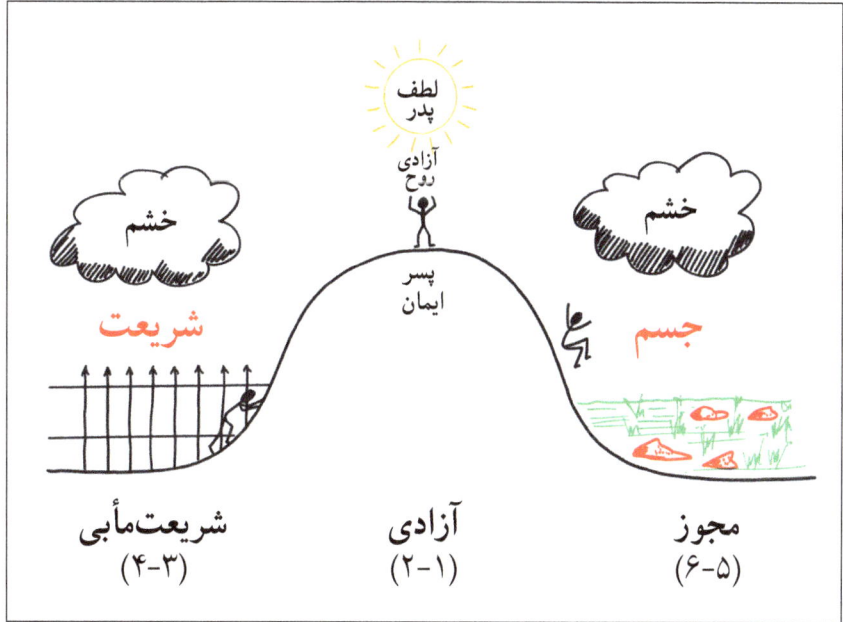

غلاطیان بخش ۲

لبهٔ استرایدینگ، منطقهٔ دریاچه‌ها، بریتانیا

افسسیان

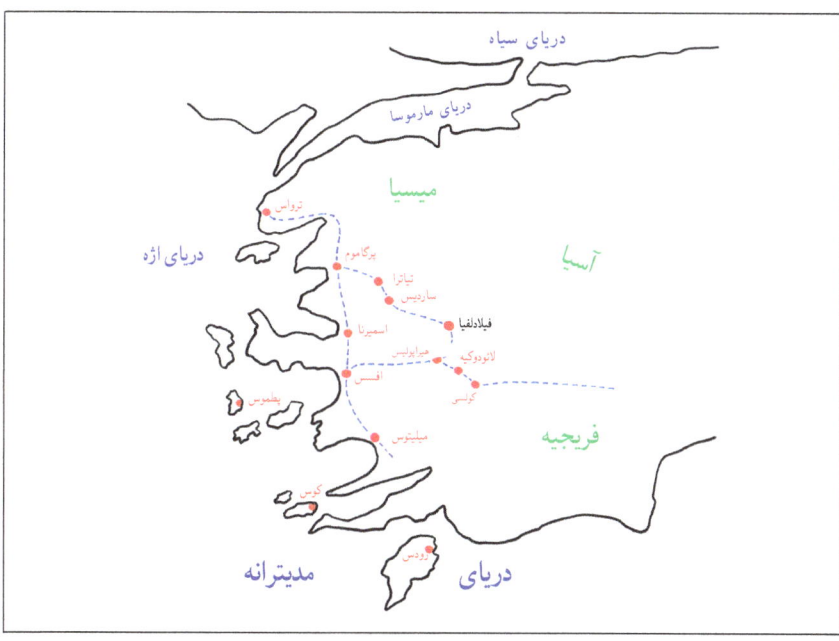

افسس

www.davidpawson.org آشنایی با کتاب‌مقدس

افسسیان

افسسیان

باب‌های ۱-۳	باب‌های ۴-۶
رابطه با خدا	ارتباط با دیگران
(در مسیح)	(در خداوند)
نجات به‌عمل‌آمده در	نجات کارکرد خارج
آموزه‌ها	وظیفه
آنچه ما بدان نجات یافته‌ایم	هدفی که ما برای آن نجات یافته‌ایم
بخشش	تقدس
عادل‌شمردگی	تقدیس
رهایی ما	پاسخ ما
پرستش	کاربرد
حاکمیت الهی	مسئولیت انسانی
هدف / قدرت — او	سلوک / جنگ — ما
داخل "کلیسا"	بیرون "کلیسا"
بُعد عمودی	بُعد افقی

افسسیان ۱-۳

پرستش (۱:۳-۱۴)
هدف خدا — جمع‌کردن همه چیز در مسیح

دعا کردن (۱:۱۵-۱۷)
هدف و قدرت خدا — برای دانستن

موعظه (۱:۱۹-۳:۱۳)
قدرت و هدف خدا

آشکار شد در:
۱. مسیح (۱:۲۰-۲۳)
برخیزانده شد تا سلطنت کند
۲. غیریهودیان (۲:۱-۲۲)
برخیزانده شد تا پیوند دهد
۳. پولس (۳:۱-۱۳)
برخیزانده شد تا آشکار کند

دعا کردن (۳:۱۴-۱۹)
قدرت و هدف خدا — برای دانستن

پرستش (۳:۲۰) — برای اعمال بسیار عظیم
قدرت خدا

© David Pawson 2024 ۱۳۶

افسسیان

دیوار میانی و جداکنندهٔ معبد

«هر کس در حین ارتکاب چنین عملی دستگیر شود، در صورت بروز مرگ، فقط خود مسئول خواهد بود.»

افسسیان ۴-۶

الف. سلوک ما (۴:۱-۶:۹)
۱. فروتنی
۲. وحدت
۳. بلوغ
۴. یکپارچگی
۵. کار خیر/محبت
۶. خلوص
۷. اطاعت الف. همسران
 ب. بچه‌ها
 ج. بردگان (کارکنان)
۸. مسئولیت‌پذیری الف. شوهران
 ب. والدین
 ج. اربابان (کارفرمایان)

ب. جنگ ما (۶:۱۰-۲۰)
۱. حفاظت
۲. دعا

پیش‌برگزیدگی

برای خدمت	برای نجات
جمعی	انفرادی
یک قوم	اشخاص
مشروط	مقاومت‌ناپذیر
ایمان	فیض
سرنوشت بستگی دارد (به انتخاب ما)	سرنوشت تعیین‌شده (به انتخاب خدا)
محروم‌شدن به دلیل انتخاب اشتباه	محروم‌شدن به‌خاطر انتخاب‌نشدن
تولد تازه بعد از توبه‌کردن و ایمان‌آوردن	تولد تازه پیش از توبه‌کردن و ایمان‌آوردن
پشتکار لازم است	پشتکار تضمین شده است

آرمینیوس

کسانی که استقامت دارند
نجات خواهند یافت
از پیش برای جلال مقدر شده‌اند

کالون

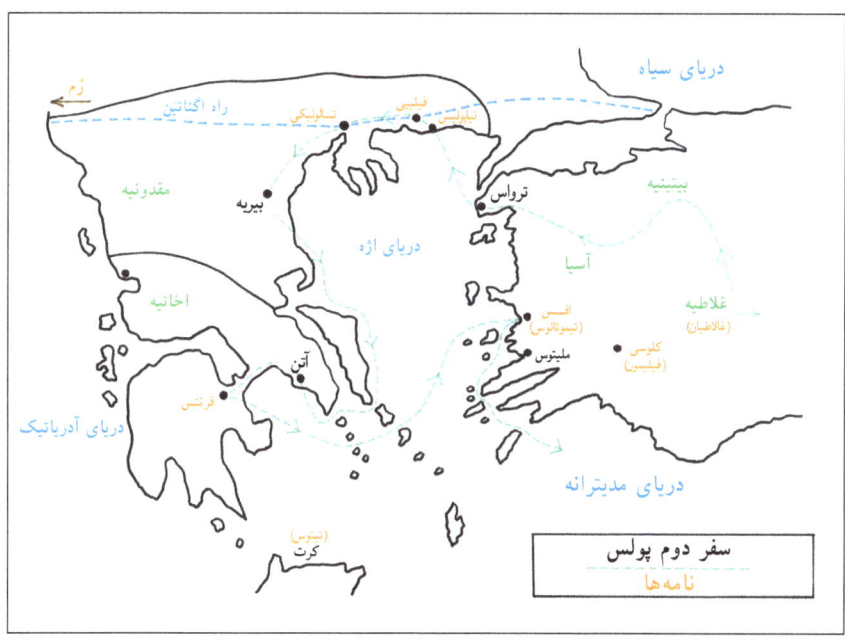

دریای سیاه
رُم
راه اگناتین
تسالونیکی
فیلیپی
نیاپولیس
مقدونیه
بیریه
ترواس
بیتینیه
دریای اژه
آسیا
اخائیه
غلاطیه
(غلاطیان)
افسس
(تیموتائوس)
ملیتوس
کلوسی
(فیلیمون)
آتن
قرنتس
دریای آدریاتیک
دریای مدیترانه
(تیتوس)
کرت
سفر دوم پولس
نامه‌ها

فیلیپی

فیلیپیان و فیلیمون بخش ۱ و ۲

اولین خادم پروتستان که توسط نازی‌ها به شهادت رسید

پل رابرت اشنایدر
(۲۹ اوت ۱۸۹۷ - ۱۸ ژوئیه ۱۹۳۹)

فیلیپیان ۳

۱. رستگاری - **تجربه‌ای که باید به کار بست**
 الف. خدا در آن عمل می‌کند
 ب. ما آن را به عمل می‌آوریم

۲. عدالت/پارسایی - **هدفی که باید دنبال کرد**
 الف. از آن ما نیست: تولد و زندگی
 ب. بلکه از آن اوست: مرگ و قیامت

۳. مسئولیت - **تلاش برای انجام‌دادن**
 الف. فراموش‌کردن گذشته
 ب. پیشروی به‌سوی آینده

۴. بازتولید - **نمونه‌ای برای سرمشق‌گیری**
 الف. بد: فکری زمینی و مادی
 ب. خوب: فکری آسمانی

۵. رستاخیز - **رویدادی که باید برای آن امید داشت**
 الف. برخاسته از مردگان
 ب. با بدنی جدید

آشنایی با کتاب‌مقدس

کولسیان

نامه‌های باستانی

۱. شخصی – فردی (فیلیمون)
۲. موردی – محلی (کولسیان)
۳. عمومی – نامهٔ دایره‌ای/رسمی (افسسیان)

اشارات نهفته را درک کردن: شرایط
وضعیت
بحران
نیاز دارند

او با چه کسی مکاتبه می‌کند؟
او به همراه چه کسی مکاتبه را انجام می‌دهد؟
اصلاً چرا او مکاتبه می‌کند؟

الگو: الگو:
(آدرس)   فرستنده
(دعا/تحیت)   گیرنده
(یا تشکر)   سلام‌ها
(یک یا چند موضوع)   تعریف
   محتوی
   خلاصه
   سلام‌ها

«نامه‌های» کتاب‌مقدس: واقعیت (گذشته): عمل واقعی
ارتباط (حالا): اصل کاربردی

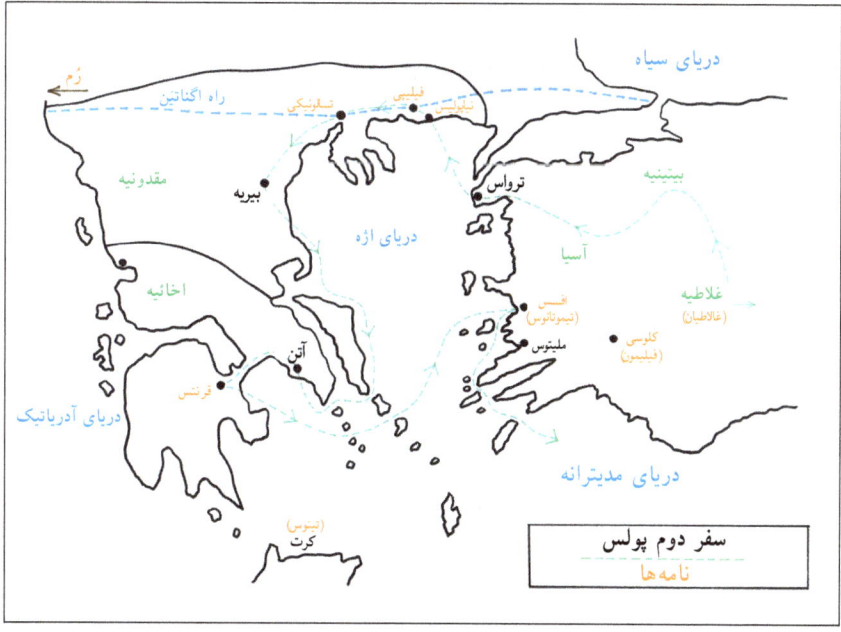

سفر دوم پولس
نامه‌ها

۱۴۱

کولسیان

جاده به‌سوی کولسی
(رودخانهٔ پرپیچ‌وخم)

کولسیان

کولسیان

الف. التقاط‌گرایی دینی: دین مسیحیت

۱. باور کاهش‌یافته
الف. حضور خدا (خیلی بالا و دور از دسترس)
ب. برتری مسیح (خیلی پایین و در دسترس)

۲. رفتار قانون‌مند
الف. رعایت تقویم دینی
ب. پرهیز از لذات جسمی

ب. سادگی: رابطه با مسیح

۱. تمامیت
کمال الهی در مسیح ابدی
الف. خلوص در احساسات
ب. کار خیر در کلیسا
ج. هارمونی در خانه

۲. تمرکز تمام بشر بر مسیح جلال‌یافته
الف. خالق جهان
ب. فاتح قدرت‌ها
ج. کنترل‌کنندهٔ کلیسا
 i. همسران/شوهران
 ii. فرزندان/والدین
 iii. بردگان/اربابان

۱و۲تسالونیکیان بخش ۱و۲

تسالونیکیان

i. (گرم)

ما برای شما دعا می‌کنیم

الف. پذیرش آنها (۱)

۱. حرف، عمل و نشانه
۲. ایمان، امید و محبت
۳. خدا، عیسی، روح
۴. بازگردید، خدمت کنید، صبر کنید

ب. کاملیت او (۲-۳)

۱. هنگام حضور چاپلوسی می‌کند
۲. هنگام غیبت فراموش می‌کند

ج. بلوغ آنها (۴-۵)

۱. تقدس
زنان. کار
۲. امید
مرده. تاریخ.
رهبران، اعضا،
روح، خدا، عیسی
شما برای ما دعا کنید

ii. (سرد)

الف. سرسختی آنها (۱)

۱. بی‌عدالتی بشر در عصر کنونی
۲. عدالت الهی در آینده

ما برای شما دعا می‌کنیم

ب. پایداری آنها (۲-۳)

۱. امید
تاریخ. تأخیر.
شما برای ما دعا کنید
۲. تقدس
کار

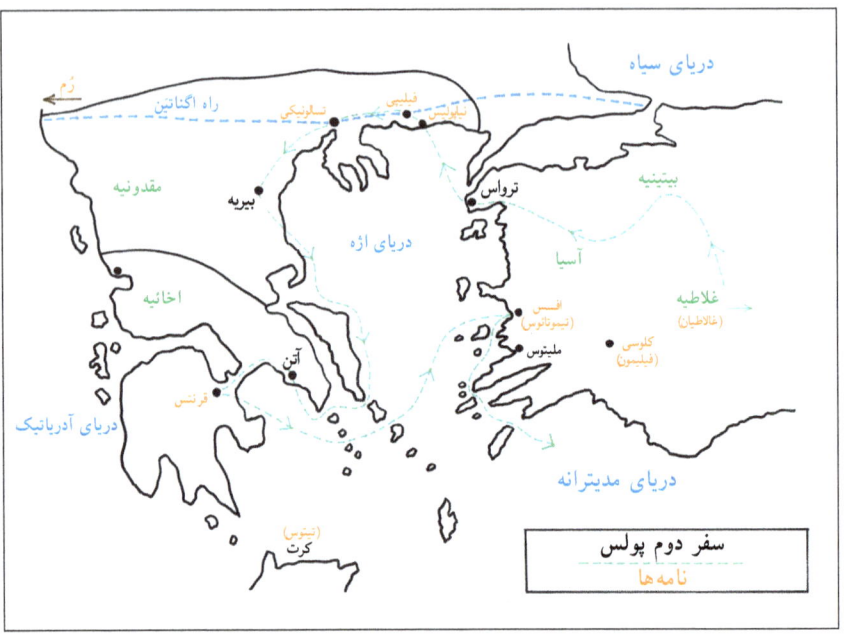

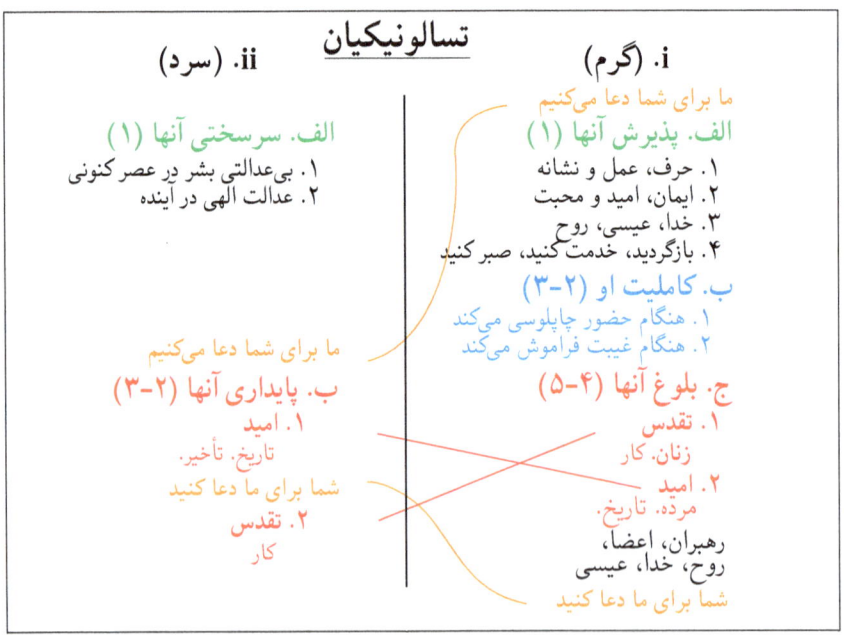

۱ و ۲ تسالونیکیان بخش ۲

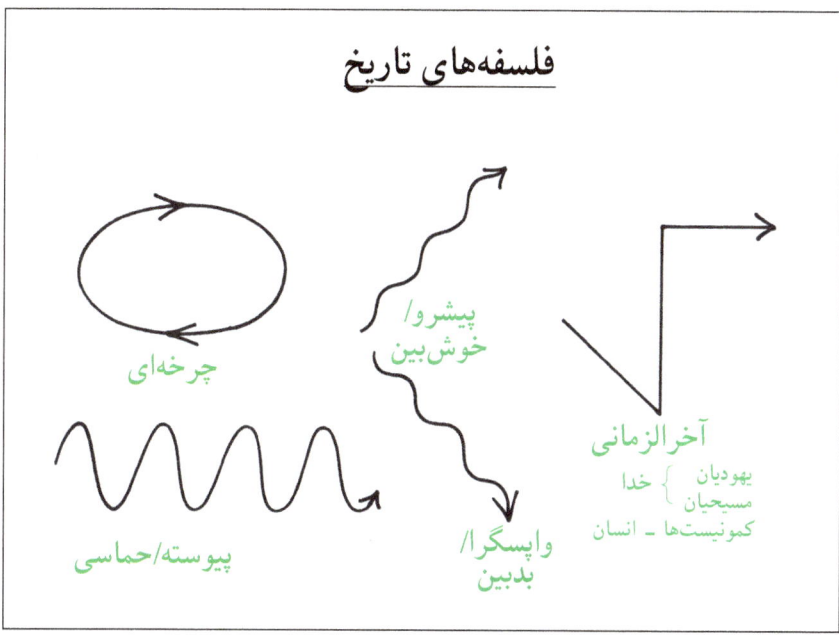

۱و۲تیموتائوس و تیتوس بخش ۱

۱، ۲تیموتائوس، تیتوس

برخلاف دیگران
مثل یکدیگر

نویسنده؟ سبک
محتوا
خط سیر

پولس مسن‌تر، در معرض مرگ
کلیساهای قدیمی‌تر، در معرض مرگ

"شبانی"؟ کتاب راهنما برای شبانان
درونی نه بیرونی

"بشارتی"؟ شخصیت کلیساها
تاثیر کلیساها

"رسولی"! پیشگام
موقت

سه راه برای مطالعه: نویسنده (پولس)
خوانندگان (تیتوس و تیموتائوس)
آدرس (کرت و افسس)

پولس

الف. الگوی زندگی او

۱. تغییرات گذشته
۲. شرایط موجود
۳. چشم‌اندازهای آینده

ب. هدف از زندگی او

۱. هدف ـ بیان الهی
الف. خدا ـ نجات‌دهنده و پادشاه
ب. عیسی ـ نجات‌دهنده و داور
ج. روح‌القدس ـ هدیه و هدایا

۲. موضوعی ـ امری انسانی
الف. تجربی ـ توجیه گذشته
ب. اخلاقی ـ تقدیس حاضر
ج. آخرشناختی ـ تجلیل آینده

تیتوس: غیریهودی سرسخت (ختنه‌ناشده)
تیموتائوس: یهودی ترسو (ختنه‌شده)

۱ و ۲ تیموتائوس و تیتوس بخش ۱ و ۲

انجیل: نجات

الف. عینی – الهی (نشان‌دهنده)
۱. فقط خدا، جاودانه، نامرئی، زنده و غیره.
۲. عیسای مسیح تولد، مرگ، رستاخیز، صعود، بازگشت
۳. روح‌القدس تجربهٔ اعطای هدایای روح، هدایا در عمل

ب. ذهنی – انسانی (ضروری)
۱. عادل‌شمردگی – گذشته: تنبیه (تجربی)
   تعمید در آب
   تعمید روح
۲. تقدیس – حال: قدرت (اخلاقی)
   جداشده از شر
   جداشده برای نیکویی
۳. جلال‌یافتن – آینده: اکنون (آخرشناختی)
   نیاز به پشتکار
   پاداش استقامت

	تیموتائوس (افسس)	تیتوس (کرت)	
	اشتباه	هیچ‌کدام	مشایخ
	رهبری	عضویت	نگرانی
	مرکزی	حاشیه‌ای	خطا

۱. برای تکمیل انتقال
الف. رهبران باکیفیت
ب. اعضای باکیفیت

۲. برای مقابله با مشکل
الف. خطاهایی که منتشر کردند
ب. نمونه‌ای که ارائه کردند
ج. اثری که گذاشتند

۳. برای بیان حقیقت
الف. پیام اعلام می‌شود
ب. الگویی که باید نشان داده شود

عبرانیان بخش ۱

"تذکر" - منفی: به عقب برنگرد!
(ترغیب) مثبت: ادامه بده!

«بیایید...» (۱۳بار، ۸ بار در باب‌های ۱۱-۱۳)

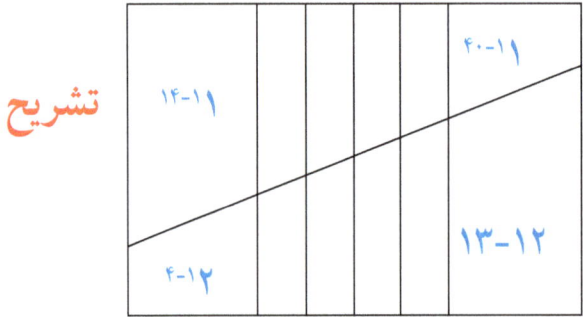

الف. تضاد منفی (۱-۱۰) «به عقب برنگرد»

۱. از پسر تا خدمتگزار (۱-۶)

بهتر از انبیا - فرشتگان
رسولان (موسی و یوشع)
کاهنان (هارون و پسران)

۲. از جوهر تا سایه (۷-۱۰)

بهتر از کاهن (ملکیصدق)
عهد (جدید)
قربانی‌ها (یک‌بار برای همیشه)

ب. تداوم مثبت (۱۱-۱۳) «ادامه بده»

۱. ایمان به خدا

هابیل - خنوخ - نوح - ابراهیم - اسحاق - یعقوب
- یوسف - موسی - یوشع - رحاب - جدئون -
براق - شمشون - یفتاح - داوود - سموئیل و انبیا

۲. بر عیسی تمرکز کنید

پیشوا و کامل‌کنندهٔ ایمان
واسطهٔ عهد جدید - رنج‌دیده بیرون از اردوگاه

عبرانیان بخش ۲

نتیجه‌گیری:

۱. ازدست‌دادن نجات ممکن است
۲. وقتی از دست رفت، بازگشت غیرممکن است
۳. پیش‌گزیدگی نیاز به همکاری مستمر دارد
۴. تقدس به اندازهٔ بخشش ضروری است
۵. خدا قدوس است

ارزش:

۱. مطالعهٔ کتاب‌مقدس
۲. مسیح‌محوری
۳. بنای ایمان
۴. عقب‌گرد
۵. عضویت در کلیسا

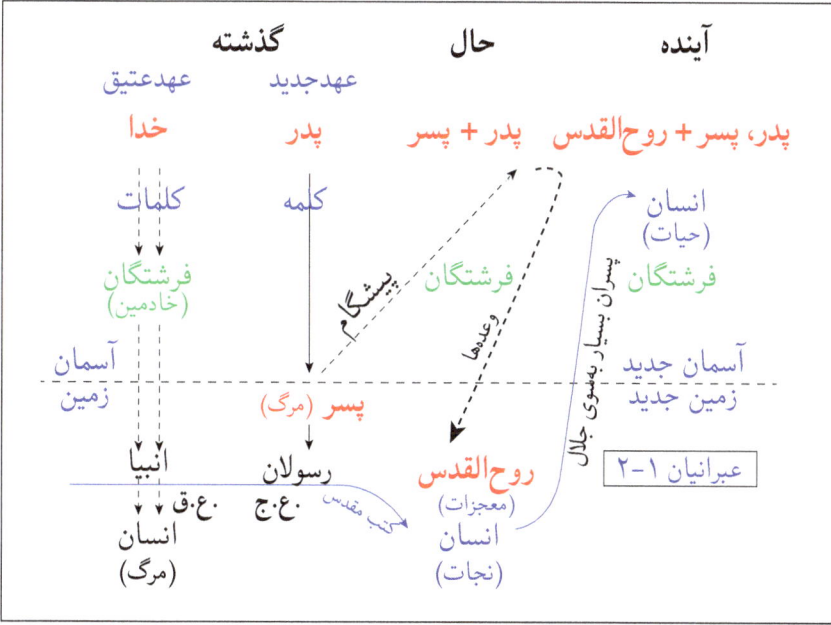

عبرانیان بخش ۲

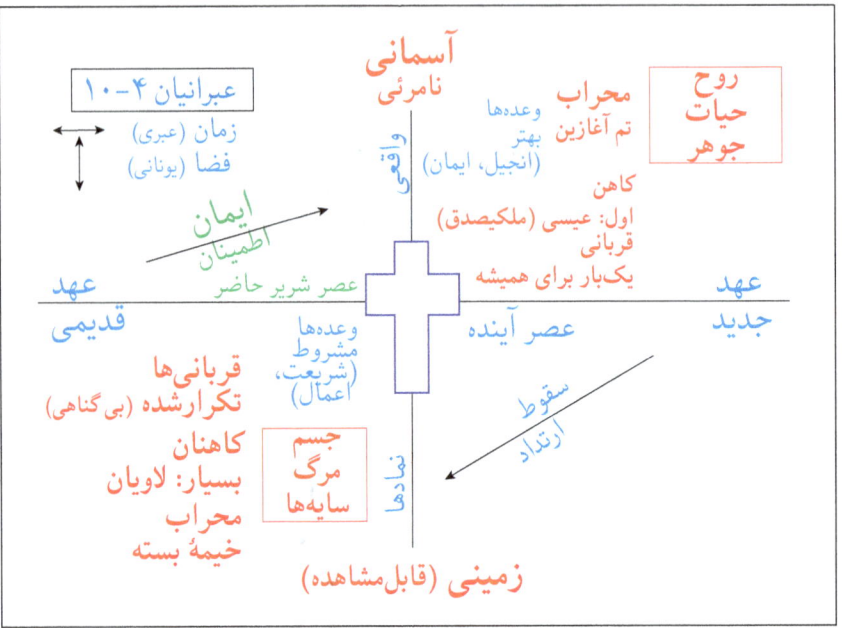

بعقوب بخش ۱ و۲

برداشت‌ها - چقدر عملی!
چقدر غیرمنطقی!

نویسنده - برادر ناتنی عیسی
رهبر ارشد در اورشلیم
ستون "عادل" کلیسا

سبک - بلاغت یونانی
حکمت عبرانی

خوانندگان - ایمانداران یهودی (دور از وطن)

i. در خانه - اکثریت - شقاق
خیلی سختگیر ← غرور

ii. خارج از وطن - اقلیت - جذب
خیلی سست ← حرص و طمع

محتوا:

ثروت (بی‌خدایی)
کلمات (برکت و نفرین)
جهان (آزمون‌ها و وسوسه‌ها)
حکمت (بالا و پایین)

مشکل:

اعمال، نه آموزه‌ها
شریعت، نه انجیل
اعمال، نه ایمان

اما "اعمال" = اقدام عملی

۱و۲پطرس بخش ۱و۲

الف. نجات
۱. فردی ـ کلام خدا
امید زنده ـ ایمان آزموده ـ محبت شادمان
۲. جماعت ـ قوم خدا
یک خانهٔ روحانی ـ یک کهانت ملوکانه ـ یک ملت مقدس

ب. رنج
۱. غیرسزاوار درست، نه اشتباه
۲. غیرانتقام خوب، نه بد
۳. غیرموفق، روح نه بدن

ج. تسلیم
۱. تابع حاکمان (ملی و محلی)
۲. بردهٔ اربابان (حتی خشن)
۳. زنان نسبت به شوهران (به‌ویژه بی‌ایمانان)
۴. جوانان نسبت به بزرگان (که خدمت می‌کنند، نه ارباب)

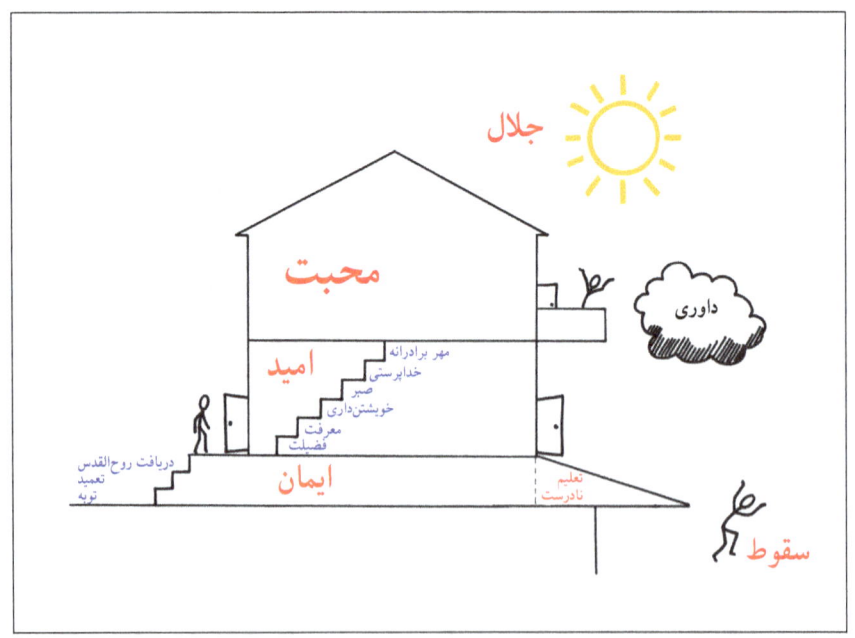

پولس و نامه‌های او

جادهٔ راست   جادهٔ دمشق

انطاکیه

پولس و نامه‌های او

نامه‌های یوحنا بخش ۱

تضادهای مطلق

زندگی	مرگ
نور	تاریکی
حقیقت	دروغ
محبت	نفرت
پارسایی/عدالت	بی‌قانونی
فرزندان خدا	فرزندان شیطان
محبت پدر	دلبستگی به جهان

چه کسی؟ (۲:۱۲-۱۴)

"بچه‌های کوچک"	"مردان جوان"	"پدران"
بخشش را بدان	قدرت تقویت‌یافته	طول تجربه
پدربودن را بشناس	درک‌کردن کتاب‌مقدس	عمق تجربه
	شکست‌خوردن شیطان	

چرا؟

تا

شادی آنها کامل شود (۱:۴)
بدون گناه (۲:۱)
ایمن (۲:۲۶)
مطمئن (۵:۱۳)

برای ترویج هارمونی (۱:۳)
برای ایجاد شادی (۱:۴)
برای محافظت از تقدس (۲:۱)
برای جلوگیری از بدعت‌ها (۲:۲۶)
برای امیددادن (۵:۱۳)

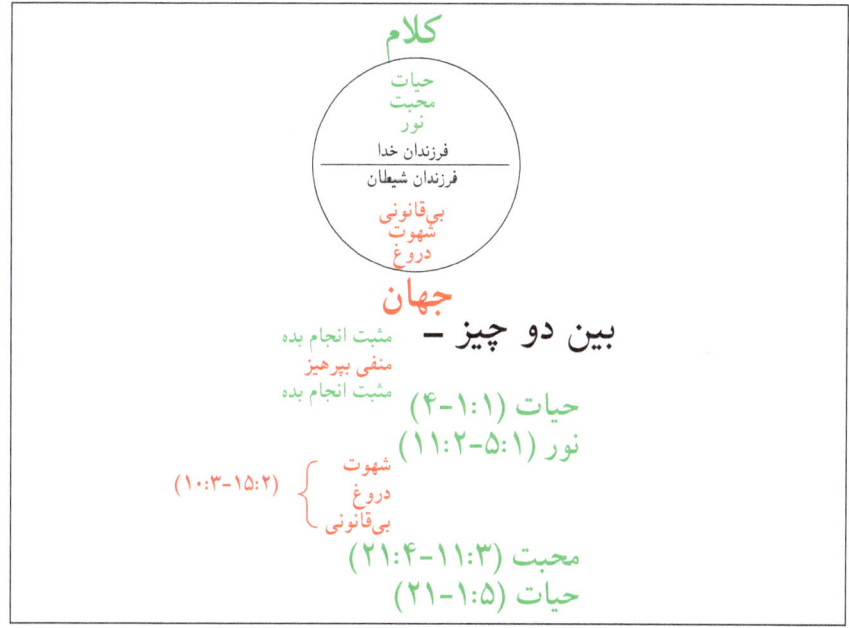

بین دو چیز –

مثبت انجام بده
منفی بپرهیز
مثبت انجام بده

حیات (۱:۱-۴)
نور (۱:۵-۲:۱۱)

شهوت
دروغ
بی‌قانونی
(۲:۱۵-۳:۱۰)

محبت (۳:۱۱-۴:۲۱)
حیات (۵:۱-۲۱)

نامه‌های یوحنا بخش ۱

پدر	فرزندان
خدا نور است	نور را در آغوش بگیرید
خدا محبت است	محبت را ابراز کنید
خدا حیات است	از زندگی لذت ببرید

آزمون‌های مسیحیان «واقعی»:

۱: اعتقادی	شخص مسیح بدعت
۲: روحانی	دریافت‌کردن روح شیطان
۳: اخلاقی	به‌جا آوردن عدالت بی‌قانونی
۴: اجتماعی	محبت به برادران نفرت

اعتماد ← اطمینان

در درون خودمان
در برابر دیگران
به‌سوی خدا

نامه‌های یوحنا بخش ۱

گناه در مؤمنان (۳:۹)

آیا این‌گونه است:

غیرقابل‌تردید ــ ما گناه می‌کنیم؟
اجتناب‌ناپذیر ــ ما گناه خواهیم کرد؟
ناسازگار ــ ما نباید گناه کنیم؟
غیرقابل‌تحمل ــ ما نباید گناه کنیم؟
غیرقابل‌توجیه ــ ما نیازی به گناه نداریم؟
غیرقابل‌اجرا ــ ما گناه نمی‌کنیم؟
غیرقابل‌تصور ــ ما نمی‌توانیم گناه کنیم؟

i. یعنی دقیقاً همان چیزی که می‌گوید
ii. «گناه» فقط به معنای رذایل و جنایات آشکار است
iii. خداوند آن را در مؤمنان «گناه» نمی‌خواند
iv. به طبیعت جدید ما اشاره دارد، نه به انسانیت کهنه
v. این «ایده‌آل» است، نه واقعی
vi. فقط به گناه معمولی و مداوم اشاره دارد

برای کسانی کاربرد دارد که: **از خدا تولد یافته‌اند** (بذر/نطفه او در آنها باشد)
در مسیح سلوک دارند

موضوع امنیت مؤمنان نیست (۱۶:۵) بلکه گناه‌آلودگی در مؤمنان مد نظر است

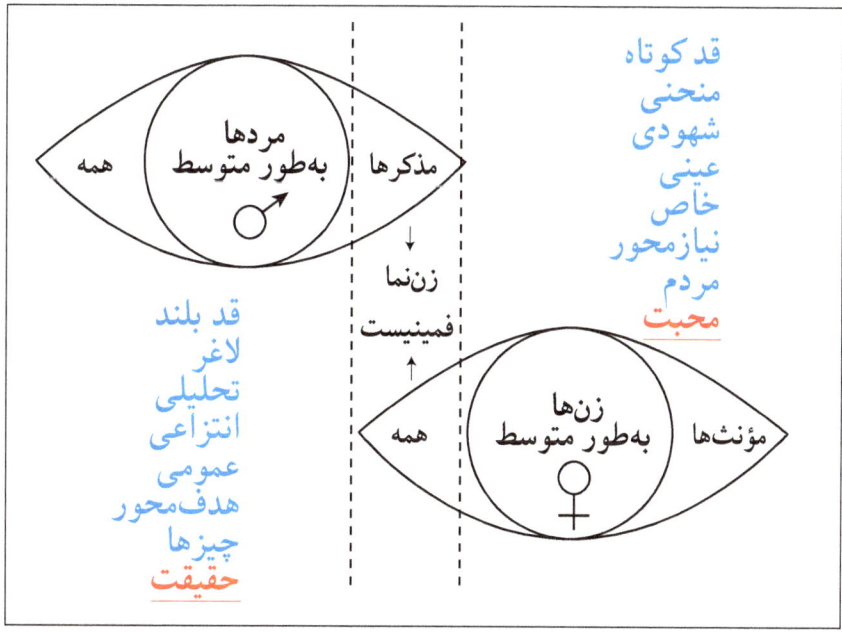

نامه‌های یوحنا بخش ۲

دوم و سوم یوحنا

♀ ♂

مهمان‌نوازی ـ حقیقت و محبت

♀	♂
به یک بانو	به یک مرد
خطر ـ	خطر ـ
محبت بیش از حد	حقیقت بیش از حد
نگرش ـ	نگرش ـ
خیلی نرم‌دل	خیلی سنگدل
در بیش از حد باز است	در خیلی محکم بسته است
از افراد اشتباه استقبال کنید	از افراد خودپرست امتناع کنید
نادیده گرفتن حقیقت	غفلت از محبت
باور اشتباه	رفتار نادرست

به هر دو نیاز داریم

محبت و حقیقت در زنان — حقیقت و محبت در مردان

دوم یوحنا ♀	سوم یوحنا ♂
۱-۳: محبت در حقیقت	۱: محبت در حقیقت
۴: پیروی از حقیقت	۲-۴: پیروی از حقیقت
۵-۶: به‌دنبال محبت	۵-۸: به‌دنبال محبت
۷-۹: برخی حقیقت را رد می‌کنند	۹-۱۰: برخی از محبت امتناع می‌ورزند
۱۰-۱۱: آنها را دعوت نکنید	۱۱-۱۲: از آنها تقلید نکنید
۱۲-۱۳: شادی ما	۱۳-۱۵: آرامش شما

یهودا
"سرطان در بدن"

۱-۱۶: فساد خطرناک
۱۷-۲۵: اصلاح ظریف

۱: اعتقادنامه الف. خدای احساساتی
ب. عیسای تلفیقی

۲: رفتار الف. اسرائیل در بیابان
ب. فرشتگان در حرمون
ج. سدوم و غموره

۳: شخصیت الف. قائن - خشم
ب. بلعام - بخل
ج. قوره - جاه‌طلبی

۴: گفت‌وگو الف. غرغروها و عیب‌جویان
ب. فخرفروشان و چاپلوسان

۱-۱۶: فساد خطرناک
۱۷-۲۵: اصلاح ظریف

۱: باید این انتظار را داشت
الف. انبیای عهدعتیق
ب. رسولان عهدجدید

۲: باید با این موضوع روبه‌رو شد
الف. خودتان
ساختن در ایمان
در محبت الهی استوار باشید
در امید منتظر رحمت باشید
ب. دیگران
شک ذهنی
خطر مرگبار
آلودگی‌های اخلاقی

توانایی او - برای نگه‌داشتن و ارائه
اقتدار او - فقط خدا، نجات‌دهندۀ ماست

مکاشفه گفتار ۱

صومعه یوحنای قدیس، پاتموس

مکاشفه گفتار ۲

نقاشی کلیسای جامع کاونتری

یونان و ترکیه از فضا

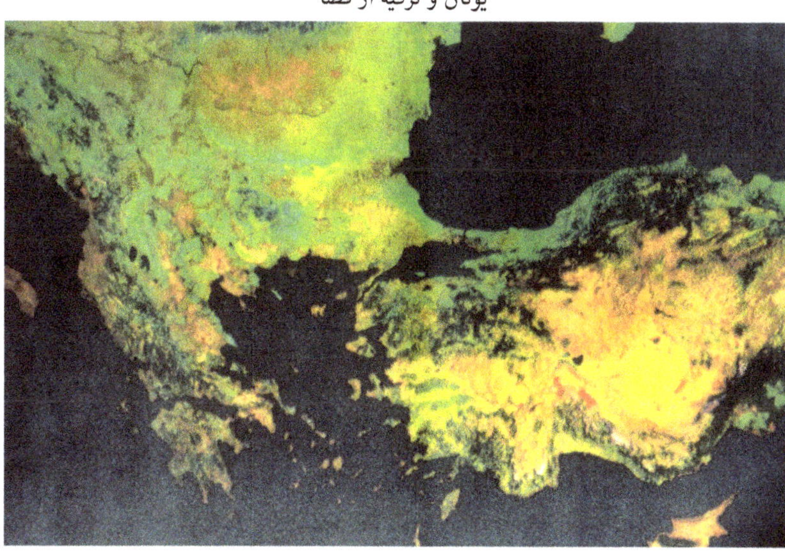

آشنایی با کتاب‌مقدس

مکاشفه گفتار ۲

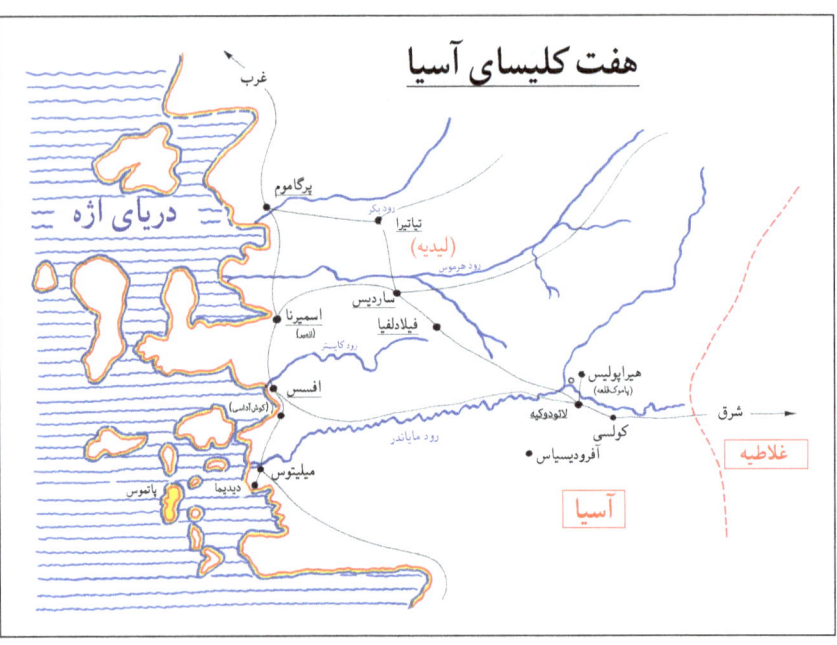

تاج و تخت شیطان از پرگام (اکنون در برلین)

مکاشفه گفتار ۲

۱: خطابه
«به فرشته در...»

۲: انتساب
«اینها سخنان اوست که...»

۳: تصویب
«اعمال تو را می‌دانم...»

۴: اتهام
«این ایراد را بر تو دارم»

۵: نصیحت/پند
«وگرنه نزد تو خواهم آمد»

۶: فراخوان
«هرکه گوش دارد بشنود،
آنچه روح به کلیساها می‌گوید»

۷: اطمینان
«به آن که غالب آید، من...»

افسس
(راه اصلی)

مکاشفه گفتار ۲

قسمت‌ها	آیات	افسس	آیات	اسمیرنا	آیات	پرگام
خطاب	۱:۲	به فرشتهٔ کلیسای افسس بنویس:	۸:۲	به فرشتهٔ کلیسای اسمیرنا بنویس:	۱۲:۲	به فرشتهٔ کلیسای پرگاموم بنویس:
انتساب	۱:۲	آن که هفت ستاره را در دست راست دارد و در میان هفت چراغدان طلا گام می‌زند، چنین می‌گوید:	۸:۲	آن اول و آن آخر که مُرد و زنده شد، چنین می‌گوید:	۱۲:۲	او که شمشیر بُرّانِ دو دم دارد، چنین می‌گوید:
تأیید	۲:۲ ۳	اعمال تو را می‌دانم و از سختکوشی و پایداری تو آگاهم. می‌دانم که شریران را تحمّل نمی‌توانی کرد و کسانی را که خود را رسول می‌خوانند و نیستند، آزموده‌ای و آنان را دروغگو یافته‌ای. می‌دانم که استقامت نشان داده‌ای و به پاس نام من سختیها تحمّل کرده‌ای و خسته نشده‌ای.	۹:۲ ۱۰	از سختی‌ها و فقر تو آگاهم، با این‌همه ثروتمندی! از تهمت‌های ناروای آنان که خود را یهود می‌خوانند و نیستند، بلکه کنیسهٔ شیطانند، باخبرم. از رنجی که خواهی کشید، مترس. باخبر باش که ابلیس برخی از شما را به زندان خواهد افکند تا آزموده شوید و ده روز آزار خواهید دید. لیکن تا به مرگ وفادار بمان که من تاج حیات را به تو خواهم بخشید.	۱۳:۲	می‌دانم کجا مسکن داری، آنجا که پایتخت شیطان است. با این‌همه به نام من وفادار مانده‌ای و حتی در ایام آنتیپاس، آن گواهِ امین من که او را در شهرِ شما که زیستگاه شیطان است کشتند، ایمانی را که به من داشتی انکار نکردی.
اتهام	۴:۲	اما این ایراد را بر تو دارم که محبت نخستین خود را فروگذاشته‌ای.			۱۴:۲ ۱۵	با وجود این، یکی دو ایراد بر تو دارم. در آنجا کسانی را داری که از تعلیم بَلعام پیروی می‌کنند؛ همان که بالاق را آموخت که بنی‌اسرائیل را برانگیزاند تا از خوراک تقدیمی به بت‌ها بخورند و دست به بی‌عفتی بیالایند. از این گذشته، کسانی را هم داری که از تعلیم نیکولاییان پیروی می‌کنند.

مکاشفه گفتار ۲

پند و اندرز	۵:۲ ۶	به یاد آر که از کجا سقوط کرده‌ای. پس توبه کن و اعمالی را به جا آور که در آغاز به‌جا می‌آوردی. چه اگر توبه نکنی، خود خواهم آمد و چراغدانت را از آنجا که هست برمی‌گیرم. ولی این حُسن را داری که از کارهای نیکولاییان بیزاری، آن‌گونه که من نیز بیزارم.	۱۰:۲	لیکن تا به مرگ وفادار بمان که من تاج حیات را به تو خواهم بخشید.	۱۶:۲	پس توبه کن، وگرنه به‌زودی نزد تو خواهم آمد و با شمشیر دهانم با آنها خواهم جنگید.
فراخوان	۷:۲	آن که گوش دارد بشنود که روح به کلیساها چه می‌گوید.	۱۱:۲	آن که گوش دارد بشنود که روح به کلیساها چه می‌گوید.	۱۷:۲	آن که گوش دارد بشنود که روح به کلیساها چه می‌گوید.
اطمینان	۷:۲	هر که غالب آید، به او نعمت خوردن از درخت حیات را خواهم بخشید که در فردوس خداست.	۱۱:۲	هر که غالب آید، از مرگ دوم گزند نخواهد دید.	۱۷:۲	هر که غالب آید، به او از آن 'مَنّای' مخفی خواهم داد. هم به او سنگی سفید خواهم بخشید که بر آن نام تازه‌ای حک شده است، نامی که جز بر آن که دریافتش می‌کند، شناخته نیست.

آیات	تیاتیرا	آیات	ساردیس	آیات	فیلادلفیا	آیات	لائودکیه
۱۸:۲	به فرشتهٔ کلیسای تیاتیرا بنویس:	۱:۳	به فرشتهٔ کلیسای ساردیس بنویس:	۷:۳	به فرشتهٔ کلیسای فیلادلفیا بنویس:	۱۴:۳	به فرشتهٔ کلیسای لائودکیه بنویس:
۱۸:۲	پسر خدا که چشمانی چون آتش مشتعل دارد و پاهایی چون برنج تافته، چنین می‌گوید:	۱:۳	آن که هفت روح خدا و هفت ستاره را دارد، چنین می‌گوید:	۷:۳	آن که قدّوس است و حق، آن که کلید داوود را دارد، آن که می‌گشاید و کس نخواهد بست، و می‌بندد و کس نخواهد گشود، چنین می‌گوید:	۱۴:۳	آن آمین، آن شاهد امین و راست، آن که مبدأ آفرینش خداست، چنین می‌گوید:
۱۹:۲	من از اعمال تو، از محبت و وفاداری و خدمت و پایداری تو آگاهم، و آگاهم که اعمال تو اکنون بیش از گذشته است.			۸:۳ ۹ ۱۰	اعمال تو را می‌دانم. اینک دری گشوده پیش روی تو نهاده‌ام که هیچ‌کس آن را نمی‌تواند بست. می‌دانم که توانت ناچیز است، امّا کلام مرا نگاه داشته‌ای و نام مرا انکار نکرده‌ای. اینک آنان را که از کنیسهٔ شیطانند و خود را یهود می‌خوانند و نیستند، وا می‌دارم تا بیایند و به پای تو افتند و اِذعان کنند که من تو را دوست داشته‌ام. حال که فرمان مرا به پایداری نگاه داشته‌ای، من نیز تو را از ساعت آزمایشی که بر کل جهان خواهد آمد تا ساکنان زمین را بیازماید، در امان خواهم داشت.		
۲۰:۲ ۲۱ ۲۲ ۲۳	امّا این ایراد را بر تو دارم که بر آن زن ایزابل نام که خود را نبیه می‌خواند، آسان می‌گیری. هم او که با تعلیم خود بندگان مرا می‌فریبد تا دست به بی‌عفتی بیالایند و از خوراک تقدیمی به بتها بخورند. به او مهلت داده‌ام تا از هرزگی توبه کند، امّا به توبه تمایل ندارد. پس او را به بستر رنجوری خواهم افکند و آنان را که با او زنا می‌کنند به رنجی عظیم گرفتار خواهم کرد، مگر اینکه از رفتن به راههای او توبه کنند. و فرزندان او را به هلاکت خواهم رساند. آنگاه همهٔ کلیساها خواهند دانست	۱:۳ ۲	از اعمال تو آگاهم. آوازهٔ زنده بودنت بلند است، امّا مرده‌ای. بیدار شو و آنچه را بازمانده و در آستانهٔ مرگ است، استوار گردان! چرا که اعمال تو را نزد خدایم کامل نیافتم.			۱۵:۳ ۱۶ ۱۷ ۱۸:۳	اعمال تو را می‌دانم؛ می‌دانم که نه سردی و نه گرم. و کاش یا این بودی یا آن. اما چون ولرمی، نه گرم و نه سرد، چیزی نمانده که تو را چون تف از دهان بیرون بیندازم. می‌گویی: "دولتمندم؛ مال اندوخته‌ام و به چیزی محتاج نیستم." و غافلی که تیره‌بخت و اسفـانگیز و مستمند و کور و عریانی. تو را پند می‌دهم که زر نابِ گذشته از آتش از من بخری تا دولتمند شوی؛ و جامه‌های سفید، تا به تن کنی و عریانی شرم‌آورت دیده نشود؛

۲۴:۲ ۲۵	که من کاوشگر دلها و افکارم و به هر یک از شما بر حسب اعمالش پاداش خواهم داد. اما به بقیهٔ شما در تیاتیرا، به شما که پیرو این تعلیم نیستید و به اصطلاح 'اسرار نهانی شیطان' را نیاموخته‌اید، این را می‌گویم که بر شما باری بیش از آنکه بر دوش دارید، نمی‌گذارم. تنها به پاسداری از آنچه دارید بکوشید تا من بیایم.	۳:۳ ۴	پس آنچه را یافته و شنیده‌ای، به یاد آر؛ آن را نگاه دار و توبه کن. اگر بیدار نشوی، دزدانه به سراغت خواهم آمد و تو آن ساعت را که به سراغت می‌آیم، نخواهی دانست. «اما تَنی چند هنوز در ساردس داری که دامنْ آلوده نکرده‌اند. اینان جامهٔ سفید در بر، با من گام خواهند زد، زیرا که شایسته‌اند.	۱۱:۳	به‌زودی می‌آیم. آنچه داری، محکم نگه دار تا کسی تاجت را نرباید.	۱۹ ۲۰ ۱۸:۳ ۱۹ ۲۰	و مرهم، تا بر چشمان خود بگذاری و بینا شوی. کسی اگر صدای مرا «من کسانی را توبیخ و تأدیب می‌کنم که دوست‌شان می‌دارم. پس به غیرت بیا و توبه کن. هان بر در ایستاده می‌کوبم. بشنود و در به رویم بگشاید، به درون خواهم آمد و با او همسفره خواهم شد و او با من. تو را پند می‌دهم که زرِ نابِ گذشته از آتش از منِ بخری تا دولتمند شوی؛ و جامه‌های سفید، تا به تن کنی و عریانی شرم‌آورت دیده نشود؛ و مرهم، تا بر چشمان خود بگذاری و بینا شوی. «من کسانی را توبیخ و تأدیب می‌کنم که دوست‌شان می‌دارم. پس به غیرت بیا و توبه کن. هان بر در ایستاده می‌کوبم. کسی اگر صدای مرا بشنود و در به رویم بگشاید، به درون خواهم آمد و با او همسفره خواهم شد و او با من.
۲۶:۲ ۲۷ ۲۸	هر که غالب آید و اعمال مرا تا به آخر نگاه دارد، او را بر ملتها اقتدار خواهم بخشید، «"با عصای آهنین بر آنان حکم خواهد راند؛ و آنان را چون کوزهٔ سفالین خُرد خواهد کرد،" همان‌گونه که من این اقتدار را از پدرم یافته‌ام. آری، به او ستارهٔ صبح را خواهم بخشید.	۵:۳	هرکه غالب آید، اینچنین به جامهٔ سفید آراسته خواهد شد و نامش را هرگز از دفتر حیات نخواهم زدود، بلکه آن را در حضور پدرم و فرشتگانش بر زبان خواهم آورد.	۱۲:۳	هرکه غالب آید، او را ستونی در معبدِ خدایم خواهم ساخت، و دیگر آنجا را هرگز ترک نخواهد کرد. بر او نام خدایم را و نام شهر خدایم، اورشلیم جدید را که از جانب خدا از آسمان نازل می‌شود، و نام جدید خود را خواهم نوشت.	۲۱:۳	هر که غالب آید، او را حق نشستن با من بر تخت خودم خواهم بخشید، همان‌گونه که من غالب آمدم و با پدرم بر تخت او نشستم.
۲۹:۲	آن که گوش دارد بشنود که روح به کلیساها چه می‌گوید.	۶:۳	آن که گوش دارد بشنود که روح به کلیساها چه می‌گوید.	۱۳:۳	آن که گوش دارد بشنود که روح به کلیساها چه می‌گوید.	۲۲:۳	آن که گوش دارد بشنود که روح به کلیساها چه می‌گوید.

آشنایی با کتاب‌مقدس

مکاشفه گفتار ۲

لائودکیه

هفت کلیسای آسیا

مکاشفه گفتار ۲

فیلادلفیا

ساردیس

مکاشفه گفتار ۲

اسمیرنا

افسس

مکاشفه گفتار ۲

تیاتیرا

پرگاموم

مکاشفه گفتار ۲

۱: مسیح آسمانی و کلیساهای زمینی

۲-۳: اوضاع روی زمین درست نیست

دنیای فاسد } (بت‌پرستی و بی‌اخلاقی)
کلیسای سازش‌کرده

۴-۵: همه چیز در آسمان خوب است

خدا بر تخت سلطنت است (تمام تاریخ)
عیسی حاکم است (پایان تاریخ)

۶-۱۸: اوضاع پیش از اینکه بهتر شود، بسیار بدتر خواهد شد

برای جهان — جنگ، خونریزی، قحطی، بیماری، بلایای طبیعی، مرگ و میر بسیار

برای کلیسا — مصیبت بزرگ (۳ سال‌ونیم)، تثلیث نامقدس (شیطان، دجال، پیامبر دروغین)، شهر بابل (فاحشه)، مرگ‌های بسیار

۱۹-۲۲: اوضاع پس از بدترشدن بسیار بهتر خواهد شد

بازگشت مسیح به زمین (رستاخیز "اول")
سلطنت مسیح بر روی زمین (۱۰۰۰ سال)
روز داوری (رستاخیز «مابقی»)
مرگ دوم (دریاچهٔ آتش)
آسمان و زمین جدید
اورشلیم جدید (عروس)

فلسفه‌های تاریخ

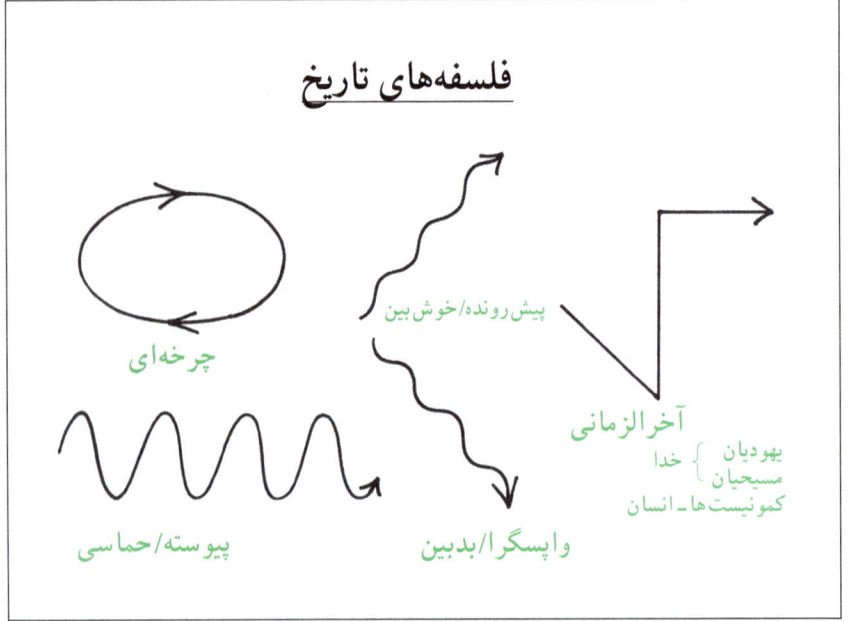

مکاشفه گفتار ۳

سه سریِ "هفت‌تایی"

مهرها:
- ۱: اسب سفید ـ پرخاشگری
- ۲: اسب قرمز ـ خونریزی
- ۳: اسب سیاه ـ قحطی
- ۴: اسب سبز ـ بیماری

"وای‌ها"
- ۵: آزار و اذیت و دعا (مؤمنان)
- ۶: لرزش و وحشت (ناباوران)
- ۷: سکوت (زلزله)

شیپورها:
- ۱: زمین سوخته
- ۲: دریای آلوده
- ۳: آب آلوده
- ۴: کاهش نور خورشید

"وای‌ها"
- ۵: طاعون حشرات
- ۶: تهاجم شرقی
- ۷: ظهور پادشاهی (زلزله)

پیاله‌ها:
- ۱: روی پوست می‌جوشد
- ۲: خون در دریا
- ۳: خون از چشمه
- ۴: سوختن توسط خورشید

"وای‌ها"
- ۵: تاریکی
- ۶: جنگ سرنوشت‌ساز (هارمجدون)
- ۷: فاجعهٔ جهانی (زلزله)

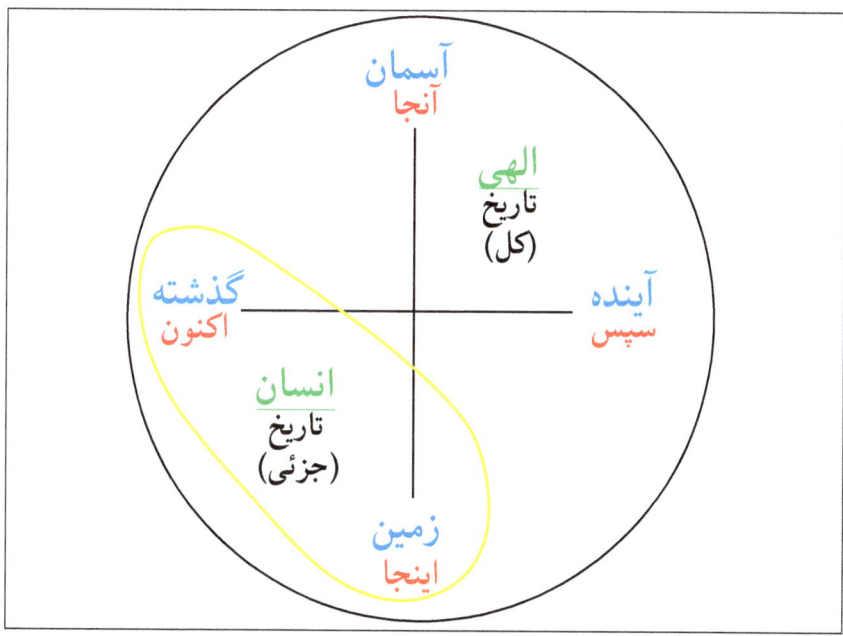

مکاشفه گفتار ۳

باب‌های ۶-۱۶

الف: پی‌درپی

پیاله‌ها ۱ ۲ ۳ ۴ ۵ ۶ ۷ شیپورها ۱ ۲ ۳ ۴ ۵ ۶ ۷ مهرها ۱ ۲ ۳ ۴ ۵ ۶ ۷

ب: همزمان

مهرها ۱ ۲ ۳ ۴ ۵ ۶ ۷
شیپورها ۱ ۲ ۳ ۴ ۵ ۶ ۷
پیاله‌ها ۱ ۲ ۳ ۴ ۵ ۶ ۷

ج: پی‌درپی، سریع، همزمان

مهرها ۱ ۲ ۳ ۴ - ۵ ۶ ۷
شیپورها ۱ ۲ ۳ ۴.۵ ۶ ۷
پیاله‌ها ۱ ۲ ۳ ۴-۵ ۶ ۷

مکاتب تفسیری:

گذشته‌گرا ـ گذشته (قرن اول میلاد)
هفت تپهٔ رُم

تاریخ‌گرا ـ حال (همهٔ قرن‌ها پس از میلاد)
هفت عصر کلیسا

آینده‌گرا ـ آینده (آخرین قرن پس از میلاد)
هفت سال مصیبت بزرگ

ایده‌آل‌گرا ـ آینده حال گذشته (هر قرن پس از میلاد)
هفت چیز جدید در حال حاضر

مکاشفه گفتار ۴

زن و اژدها | میکائیل و شیطان (کاونتری)

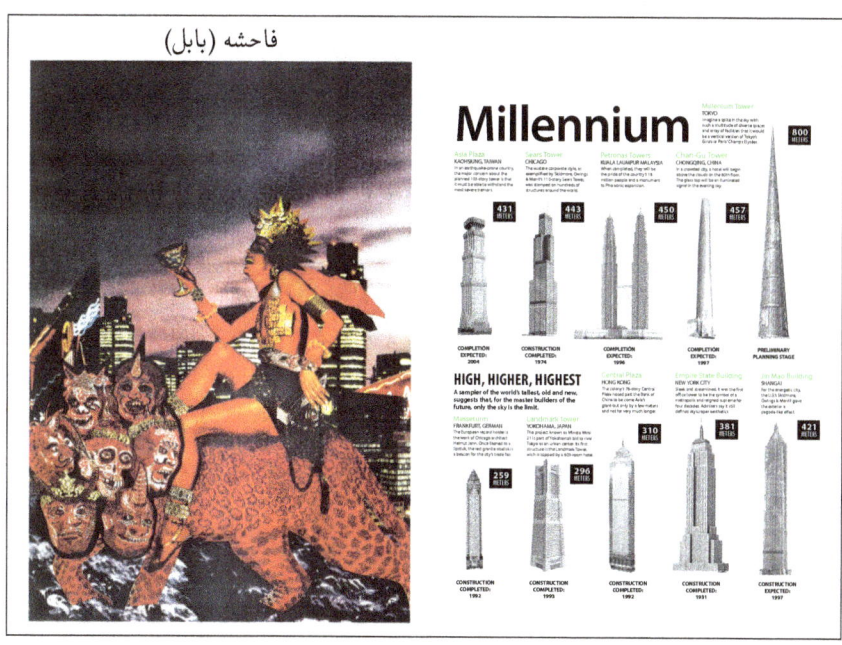

فاحشه (بابل)

مکاشفه گفتار ۴

بابل در ایام آخر

تصویر بانک فرانکفورت

مجسمه‌های بانک فرانکفورت

قریب‌الوقوعی - هر لحظه؟
(«اسارت» قبل از مصیبت)

۱: اظهارات در مورد سرعت وقایع
من بزودی می‌آیم، سریع

۲: بیاناتی در مورد غافل‌گیری
دزد در شب، شما نمی‌دانید

۳: تفاوت‌های زبانی
روز خداوند/روز مسیح
ورود/ظهور
برای مقدسین/با مقدسین

۴: انتظار کلیسا
او بر در است
این نسل نخواهد گذشت

۵: عدم حضور "کلیسا" (در قسمت‌های مربوط به مصیبت)
برگزیده، مقدسین

۶: تاکید بر تسلی
یکدیگر را تشویق کنید

۷: مصیبت نزول «خشم» است
خدا ما را برای غضب قرار نداده است

مکاشفه گفتار ۵

هفت رؤیا ("و دیدم")

۱: بازگشت مسیح (۱۹:۱۱-۱۶)	پادشاه پادشاهان، رب‌الارباب "لوگوس"= کلام اسب سفید، ردای خون‌آلود
۲: ضیافت شام (۱۹:۱۷-۱۸)	فرشتگان پرنده‌ها را دعوت می‌کنند... ... تا اجساد را بدرند
۳: هارمجدون (۱۹:۱۹-۲۱)	پادشاهان و ارتش‌ها نابود می‌شوند توسط "لوگوس"= کلام وحش و پیامبر دروغین به دریاچهٔ آتش افکنده می‌شوند
۴: شیطان (۲۰:۱-۳)	محصور و به «قعرها» افکنده می‌شود اما برای مدت زمان محدود * * * * * * * * * *
۵: هزاره (۲۰:۴-۱۰)	قدیسان و شهدا سلطنت می‌کنند رستاخیز اول شیطان در دریاچهٔ آتش انداخته می‌شود
۶: داوری (۲۰:۱۱-۱۵)	رستاخیز "بقیه" کتاب‌ها و "کتاب حیات" باز می‌شود
۷: احیای خلقت (۲۱:۱-۲)	آسمان و زمین جدید اورشلیم جدید

مکاشفه گفتار ۵

تَلّ مجدّو (هارمجدون)

۱: غیرهزاره‌گرا (به‌عبارت بهتر، ناهزاره‌گرا)

الف. شک و تردید
پوچی
ب. اسطوره‌ای
تمثیلی

۲: پس‌هزاره‌گرا (مسیح برمی‌گردد بعد از)

الف. روحانی
کل دوران کلیسا
ب. سیاسی
قسمت آخر عصر کلیسا

۳: پیش‌هزاره‌گرا (مسیح برمی‌گردد قبل از)

الف. دوره‌گرا
اسرائیل
ب. کلاسیک
کلیسا

مکاشفه گفتار ۵

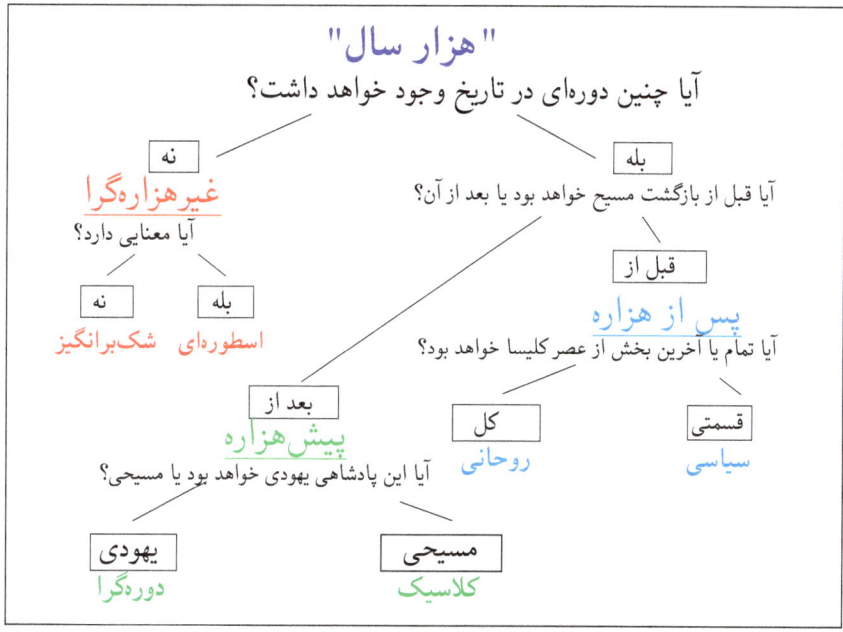

مکاشفه گفتار ۶

هفت رؤیا ("و دیدم")

۱: بازگشت مسیح (۱۹:۱۱-۱۶)
پادشاه پادشاهان، رب‌الارباب
"لوگوس"= کلام
اسب سفید، ردای خون‌آلود

۲: ضیافت شام (۱۹:۱۷-۱۸)
فرشتگان پرنده‌ها را دعوت می‌کنند...
...تا اجساد را بدرند

۳: هارمگدون (۱۹:۱۹-۲۱)
پادشاهان و ارتش‌ها نابود می‌شوند
توسط "لوگوس"= کلام
وحش و نبی دروغین به دریاچهٔ آتش افکنده می‌شوند

۴: شیطان (۲۰:۱-۳)
محصور و به «قعرها» افکنده می‌شود
اما برای مدت زمان محدود

* * * * * * * * *

۵: هزاره (۲۰:۴-۱۰)
قدیسان و شهدا سلطنت می‌کنند
رستاخیز اول
شیطان در دریاچهٔ آتش انداخته می‌شود

۶: داوری (۲۰:۱۱-۱۵)
رستاخیز "بقیه"
کتاب‌ها و "کتاب حیات" باز می‌شود

۷: احیای خلقت (۲۱:۱-۲)
آسمان و زمین جدید
اورشلیم جدید

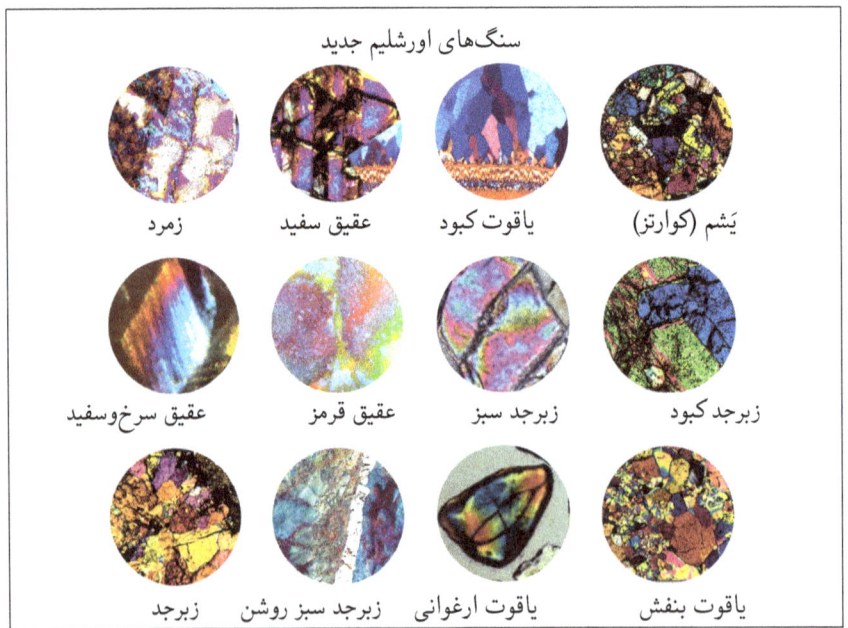

سنگ‌های اورشلیم جدید

یَشم (کوارتز)

یاقوت کبود

عقیق سفید

زمرد

زبرجد کبود

زبرجد سبز

عقیق قرمز

عقیق سرخ‌وسفید

یاقوت بنفش

یاقوت ارغوانی

زبرجد سبز روشن

زبرجد

مکاشفه گفتار ۶

سنگ‌ها رد می‌شوند

لعل　　لعل سرخ　　یاقوت　　الماس

کوه آتنا (دریاچه آتش)

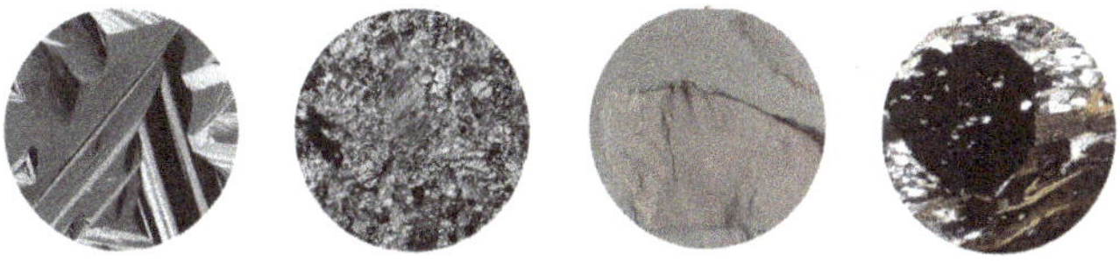

مکاشفه گفتار ۶

چرا باید «مکاشفه» را مطالعه کنیم؟

۱: تکمیل کتاب‌مقدس
۲: دفاع در برابر بدعت
۳: تفسیر تاریخ
۴: زمینه‌ای برای امید
۵: انگیزه برای بشارت
۶: محرک پرستش
۷: پادزهر دنیاپرستی
۸: مشوق خداپرستی
۹: آمادگی برای آزار و شکنجه
۱۰: درک‌کردن مسیح